見るだけで**ポイント**がつかめる！

[図解]

合格する昇任面接

地方公務員昇任面接対策研究会 著

学陽書房

はじめに

　面接は苦手だ。面接官の前に出ると緊張してしまって普段の自分をうまく表現できない。頭が真っ白になるのが怖い。

　そんなあなたに、面接試験に合格するための実践的なコツをお伝えします！
　多くの自治体の昇任試験では面接が実施されます。特に係長や管理職の登竜門となる試験には面接は必須と言ってよいでしょう。
　ところが、筆記試験や論文の準備は万全でも、面接は一発勝負、あるいは頻出問題と模範解答を丸暗記するのが関の山という受験者が大半なのではないでしょうか。だからこそ、準備のやり方が分からず、冒頭のような弱音が聞こえてくるのです。

　ちょっと待った！！
　面接は、暗記した解答を1から10まで復唱するだけで合格できるほど甘くはありません。かといって、素のままの自分を出せばそれでよいというほど単純でもないのです。
　ズバリ、面接試験にはコツがあります。
　コツと言っても単なる表面的なノウハウとは全く違います。面接官との心理的な駆け引きを有利に進めるための実践的なコツです。
　どんなに心の中で思っていても、それが面接官に伝わらなければゼロに等しく、どうやって伝えるかが重要になってきます。また逆に、面接官の建て前と本音を上手に聞き分けて正しく準備すれば、自ずと結果はついてくるのです。

　本書は、多忙な受験者のために、面接の最重要ポイントと対処法を図解でわかりやすく解説しています。図解ですから、ひと目見て直感

的に理解し学ぶことが可能です。面接試験の直前チェックにも活用していただけると思います。

　第1章では、合格するための10のメソッドを簡潔にまとめました。ここで、合格に至る最適な思考や判断を身につけてください。

　もちろん、問答例も豊富に用意しました。第2章では、定番中の定番をテーマごとに詳しく解説しまとめました。第3章では、仕事や具体的な施策に関する課題を取り上げます。第4章では、組織の中でだれもがぶつかる課題について、また、第5章では、職場で日常的に発生する課題などについて、選りすぐりの問答例を揃えました。問答例は単に丸暗記するだけでなく、なぜこの解答が求められるのかが理解できるように説明に工夫をこらしました。また、模範解答だけでなく変化球や意地悪質問への対応方法など、広く応用がきく内容になっていますので、あらゆる場面に対応することができます。

　第6章では、「言葉が出てこない時のしのぎ方」など、実際の面接の場面を想定したノウハウを紹介します。そして最後に、第7章では、管理職としての基本的な心構えについて深掘りします。

　本書の活用方法として、初めから最後まで熟読する必要はありません。目次を見て気になるページをまず開いてみてください。そこから関心を広げて自分の不得意な部分を補強する形で利用してみるのもよいでしょう。

　筆者は、首都圏のある自治体に長く勤務し、昇任試験や採用試験の面接官をした経験を数多く持っています。ですから、実際に面接官をやったからこそ体得できる面接官の見方や思考パターン、面接を受ける側のさまざまな反応を熟知しているつもりです。

　本書には、そうした経験に裏付けられた要点を随所にちりばめてありますので、実践の書として存分に活用していただければ幸いです。そして、ぜひ昇任試験の合格を勝ち取ってください。応援しています。

筆者

CONTENTS

第1章 どんな質問にも対応できる！10の合格メソッド

- 合格メソッド 1　面接官の役割分担を見極めて「ツッコミ役」は誰かを把握しよう……012
- 合格メソッド 2　面接の流れは「序破急」面接官の次の出方を先読みしよう……014
- 合格メソッド 3　肝は「同じ自治体」の仲間として共感を得られるかどうか……016
- 合格メソッド 4　「結論→理由→補足」、回答は3文程度がベスト……018
- 合格メソッド 5　プラスアルファの要素に触れて、「深い回答」を目指す……020
- 合格メソッド 6　答えに窮した時の対応が面接の合否を決定づける……022
- 合格メソッド 7　評価される受験者像は「素が8割、演技が2割」……024
- 合格メソッド 8　クイックレスポンスが評価を上げる近道……026
- 合格メソッド 9　時には「溜め」をつくって落ち着きを演出する……028
- 合格メソッド 10　所属する自治体へのフィット感を強くアピールできれば成功……030
- COLUMN 1　面接官が手元でチェックしていること……032

第2章 取りこぼしなし！受験者本人に関する定番の問答例

自己PRに関する質問

- **Q1** はじめに、3分程度で自己紹介をお願いします ……………………… 034
- **Q2** 長所は何か？ 業務にどう活かしているか？ ……………………… 036
- **Q3** 短所は何か？ どう克服したか？ ……………………………………… 038
- **Q4** なぜ係長になろうと思ったのか？ ……………………………………… 040

資質に関する質問

- **Q5** 手本にしたい上司（係長）はいるか？ ………………………………… 042
- **Q6** 反面教師の上司（係長）にはどう対応してきたか？ ………………… 044
- **Q7** 「2つ上の地位に就いた意識で仕事をする」を係長としてどう理解する？ ……………………………………………………………… 046
- **Q8** 係長に昇任して苦労するより現状維持がよいのでは？ …………… 048
- **Q9** なりたいと思う課長像は？ ……………………………………………… 050
- **Q10** 課長に求められる資質は？ ……………………………………………… 052
- **Q11** 課長になるにあたり自分に足りない資質は？ ………………………… 054
- **Q12** 課長になったら、部下の人材育成にどう取り組むか？ …………… 056

自己啓発に関する質問

- **Q13** 自己啓発として、日常的に取り組んでいることは？ ………………… 058
- **Q14** 日々の情報収集はどうやって行っているか？ ………………………… 060
- **Q15** 最近、関心を持った社会的なニュースは？ …………………………… 062
- **COLUMN 2** 「仕事ができる」と「元気で積極的」、どっち？ ……………… 064

第3章 しっかりおさえたい！仕事・施策に関する頻出の問答例

仕事に関する質問

Q1 仕事を通じて得たものは？　それをどう活かしていくか？ …… 066

Q2 業務上の課題は？　工夫した点と成果はあったか？ …… 068

Q3 これまでで一番つらかったことは？　どう乗り越えたか？ …… 070

Q4 これまでで最も成功した仕事上の経験は？ …… 072

Q5 仕事で失敗した経験は？　その原因は何か？ …… 074

Q6 やってみたい仕事は？　その理由と課題は何か？ …… 076

Q7 希望しない業務やポストを命じられたら？（係長） …… 078

施策に関する質問

Q8 重要だと考える3つの施策は何か？　その理由は？ …… 080

Q9 人口減少を食い止めるために自治体として何をすべき？ …… 082

Q10 地球温暖化対策に自治体としてどう取り組むか？ …… 084

Q11 行政のIT化・デジタル化にどう取り組むか？ …… 086

Q12 大規模災害に対してどう備えるべきか？ …… 088

Q13 10年後の自治体や地域の将来像をどう考えるか？ …… 090

COLUMN ❸　「中身」を「態度」で示す練習 …… 092

第4章 これでバッチリ！組織人としての適性についての問答例

役割に関する質問

- **Q1** 組織の中ではリーダータイプ？ 調整型タイプ？（係長） ……094
- **Q2** 組織の中ではリーダータイプ？ 調整型タイプ？（課長） ……096

人間関係に関する質問

- **Q3** 人間関係を円滑にするために取り組んでいることは？ ……098
- **Q4** チームワークとは？ 築くためには何が必要か？（係長） ……100
- **Q5** 上司や同僚とどう信頼関係を築いてきたか？ ……102
- **Q6** 苦手な職員のタイプは？ どう対応するか？（係長） ……104

生活に関する質問

- **Q7** ワーク・ライフ・バランスをどう保っているか？ ……106
- **Q8** 土日出勤や残業のある部署での勤務は大丈夫か？（係長） ……108
- **Q9** 昇任して私的な時間がとりづらくなったら？ ……110
- **COLUMN④** 組織人としての回答ができていますか？ ……112

第5章 周りと差がつく！具体的事例の問答例

［職場に関する質問］

- **Q1** 上司からのセクハラに悩んでいると相談されたら?……114
- **Q2** 上司からパワハラを受けていると相談されたら?……116
- **Q3** コミュニケーションがとれない新人職員にどう対応する?……118
- **Q4** 係長として働かないベテラン職員にどう対応する?……120
- **Q5** 産休・病欠などの職員がいて、職場が回らなくなったら?（係長）…122
- **Q6** 上司と部下で意見が対立した場合、どう対応する?（係長）……124
- **Q7** 残業の多い職場で残業を減らすにはどうするか?……126
- **Q8** 係長として有給休暇を取りやすい職場をどうつくるか?……128

［議員・業者対応に関する質問］

- **Q9** 議員対応で困ったことは？　どう対応したか?……130
- **Q10** 議員から「業者を紹介する」と持ちかけられたら?……132
- **Q11** 議員の叱責で困っている職員から相談されたら?……134
- **Q12** ある職員に業者と付き合いがあるとの噂があったら?……136

［組合に関する質問］

- **Q13** 組合が特定の職員の異動を要求してきたら?……138

［住民対応に関する質問］

- **Q14** クレーマー対応で業務が停滞していたら?……140
- **Q15** 住民から「上司を出せ」と言われたら?……142

- Q16 苦情電話に出ない職員に周囲の不満が溜まっていたら?……144
- COLUMN❺ 自己主張はどこまですべきか……146

第6章 もう慌てない！変化球と緊急事態の対処法

① 二の矢三の矢に備えるポイント……148
② 「もっと具体的に」は、実体験を問われている……150
③ 言葉が出てこない時のしのぎ方……152
④ 質問と答えがズレたと感じた時の対応方法……154
⑤ 「最後に質問はありますか?」には明るく意気込みを……156
COLUMN❻ 和気あいあいの雰囲気でも通るとは限らない……158

第7章 今日からできる！昇任するための思考術

① 面接は見た目や印象がすべて?……160
② 面接官に映る「自分像」のつかみ方……162
③ 鳥の目で見るか、虫の目で視るか……164
④ 課長や係長に必要な「代替案提案力」の発揮……166
⑤ 自分の自治体・仕事を好きになる!……168
COLUMN❼ 最後の最後は「総合評価」……170

第1章

どんな質問にも対応できる！
10の合格メソッド

第1章　どんな質問にも対応できる！　10の合格メソッド

10の合格メソッド ❶

面接官の役割分担を見極めて「ツッコミ役」は誰かを把握しよう

- ●面接官にはそれぞれ役割分担がある
- ●進行役、なごませ役、ツッコミ役がいる
- ●ツッコミ役をいち早く特定して質問に集中しよう

　相手の陣形を把握できれば、面接の緊張感は大幅に軽減されます。面接官といっても現役の管理職、同じ自治体職員の先輩です。つまり同じ自治体職員が面接官の役を演じているのですから、恐れることはありません。多くの場合、進行役（まとめ役）と一般的な質問者（なごませ役）、ツッコミ役（厳しい質問を浴びせる質問者）の役割が割り当てられています。

　ツッコミ役は、なごませ役などとのやり取りを聞いて厳しい質問を投げかけたり、再質問で回答の深掘りを促したりします。キーパーソンであるツッコミ役の存在を把握できれば、気持ちに余裕が持てるでしょう。

面接官の役割分担はこうなっている

ツッコミ役
面接官

進行役
面接官

なごませ役
面接官

受験者

軽く会釈しながら面接官一人ひとりとアイコンタクトをとることも重要

口火を切る面接官が進行役の場合が多い

ツッコミ役が怖い顔をしているとは限らない（逆もまた真なり）

ワンポイントアドバイス

　面接官が2人の場合や役割分担が固定されていない場合もあります。1人がなごませ役とツッコミ役を兼任するような変則的なケースもありますので、臨機応変に対応しましょう。

第1章　どんな質問にも対応できる！　10の合格メソッド

10の合格メソッド ❷

面接の流れは「序破急」
面接官の次の出方を先読みしよう

ココが要点!

- ●導入部分は「序」、オーソドックスな質問は「破」
- ●変化球や意地悪質問は「急」
- ●流れを意識すれば、急展開に動揺しない

　面接の全体的な進行を頭に入れておけば、急な展開にも動揺することなく対応できます。まずは、志望動機や自己PRの段階で心を落ち着かせて自分のペースをつかみましょう。そのあとで、本題部分である定番の質問が何問か続きます。準備してきた回答を簡潔に答えるとともに、二の矢三の矢への対応も頭に入れておきましょう。

　「ところで」と質問の流れが変わったり、質問者が交代するタイミングが重要です。「破」から「急」に切り替わったサインです。ここからが面接の正念場、気持ちを引き締めて臨みましょう。

面接の流れを「序破急」で見極めるべし！

導入部分
- アイスブレイク
- 志望動機
- 自己PR

リラックスして自分のペースをつかみましょう

定番の質問
- 長所・短所
- 仕事での課題
…

準備した回答を簡潔に二の矢三の矢にも対応を

「ところで…」
「話題は変わりますが…」

変化球の質問

質問者の交換
「では私から質問させていただきますが…」

意地悪質問

試されているのは、臨機応変の対応力

ワンポイントアドバイス

「序破急」どおりに進行されないこともあります。オーソドックスな質問を飛ばして、いきなり変化球の質問が飛んできても、「これは『急』の質問だな」と状況を把握し、素早く対応しましょう。

第1章 どんな質問にも対応できる！ 10の合格メソッド

10の合格メソッド ❸

肝は「同じ自治体」の仲間として共感を得られるかどうか

- ●合否の分かれ目は、組織のカラーに合っているか
- ●共感されるアピールポイントの確認を！
- ●尊敬する管理職のエピソードを交えるのも効果的

　自治体にはそれぞれ特有の組織風土があります。面接官は、その中で活躍する管理職であることを再認識しましょう。面接では、自治体の先輩としての視点から、受験者が自治体のカラーに合っているか、組織風土の中で課長・係長として十分に能力を発揮できるかが品定めされます。仲間としての共感を得られるかどうかが試されているのです。そのため、回答の中に、自身の経験に基づく苦労談や失敗談を交えて、所属する自治体となじんでいることをアピールしましょう。尊敬する先輩や管理職のエピソードなども面接官の共感を得るのに役立ちます。

面接官の共感を得るためのポイントはこれだ！

⚠️注意!!
コビを売りすぎない！ 適度な批判精神も必要

ワンポイントアドバイス

　自身の経験談が乏しい場合には、同僚や上司から聞いたエピソードなどをアレンジして活用する方法もあります。自治体ごとに「〇〇あるある」的な要素を加味してもよいでしょう。

第1章　どんな質問にも対応できる！　10の合格メソッド

10の合格メソッド ❹

「結論→理由→補足」、
回答は3文程度がベスト

- 模範解答を1から10まで語る必要はない
- YES／NOだけの回答は、物足りなさが目立つ
- 回答の形式ではなくコミュニケーションを意識しよう

　面接では、模範解答を1から10までとうとうと語る受験者が散見されます。気持ちはわかりますが、面接官は次の質問をしたくてイライラ。おまけに自分の考えを要約する能力が低いと見なされてしまいます。

　一方、YES／NOや短文だけでしっかり回答したつもりになる受験者もいますが、面接官が知りたいことにたどり着く前に回答が終了するので、物足りなさが際立ちます。これでは「コミュニケーションのキャッチボールが苦手」という低評価にもつながります。

　話す分量としては、「結論→理由→補足」のように、文章にして3文程度がちょうどよい長さです。内容ではなく、回答方法で落とされるのはもったいないので、必ず意識しましょう。

長すぎ・短すぎの回答を面接官はこう感じる

話が長い

話が短い

評価される答え方

ワンポイントアドバイス

　1文ごとに簡潔に話しましょう。だらだらとどこで終わるのかわからない回答は厳禁です。事前練習で回答の長さの感覚をつかむことが大事です。

第1章　どんな質問にも対応できる！　10の合格メソッド

10の合格メソッド ❺

プラスアルファの要素に触れて、「深い回答」を目指す

- ●評価されるのは「深い回答」
- ●「プラスアルファ」の要素を加えると厚みが増す
- ●場面ごとの対応の違いなどにも触れて、掘り下げよう

　「浅い回答」とは、質問に対して最低限の要素しか含まない、合格点ギリギリクリアというレベルの回答です。そこで止まっていると、面接官は「もう一声！」と心の中で叫びたくなるものです。確実な合格を勝ちとるには、「プラスアルファ」の要素を付け加えることで面接官の要求に応え、「深い回答」を目指さなければなりません。「深い回答」は大きな加点ポイントとなり、他の受験者にも差がつけられます。

　ポイントは、ケース分け（回答で挙げている事例とは別のケースを提示して回答に幅を持たせる）や、条件の変化に関する考察（当初の回答内容とは異なる条件の下では、対応策が変化することを示して回答に深みを持たせる）などをプラスアルファすることです。

「もう一声！」に応える「深い回答」

ワンポイントアドバイス

回答に幅や深みを持たせるには、軸となる回答のあとに、接続詞（さらに、ただし、あるいは…）をはさんで、新しい要素を付け加え、回答を膨らませるように心掛けるとよいでしょう。

第1章　どんな質問にも対応できる！　10の合格メソッド

10の合格メソッド ❻

答えに窮した時の対応が面接の合否を決定づける

ココが要点!

- ●面接官は、正解を求めている訳ではない
- ●臨機応変の対応が試されている
- ●沈黙は避け、答えられない時は素直に謝る

　面接では想定外の質問が付きものです。その時、思わず素の自分が出ます。回答しにくい質問や、用意してこなかった質問を受けた時こそ、心の中で一度深呼吸して焦る気持ちを落ち着かせましょう。「そうですね」と言葉を継いで考える時間をつくるもよし。場合によっては「すみません、わかりません」と素直に謝ることも必要です。

　面接官は想定外の質問に対して正解を求めているわけではありません。管理職の資質として臨機応変の対応を見極めようとしています。変化球に対しても、動揺せずに自分の適性をアピールしましょう。

頭が真っ白になった時、どうすればよいのか

✕ 沈黙
✕ しどろもどろ
✕ わかったふり

受験者　面接官

↓

質問の趣旨は○○ということでしょうか？　**確認する**

そうですね、すぐには思いつかないのですが…　**時間をつくる**

すみません、わかりません。これからもっと勉強します。　**素直に謝る**

ワンポイントアドバイス

　答えが思いつかない場合、「少し趣旨はズレるかも知れませんが」と前置きした上で、質問に関係ありそうな事柄を短めに回答して危機回避する方法もあるので覚えておいてください。

第1章　どんな質問にも対応できる！　10の合格メソッド

10の合格メソッド ❼

評価される受験者像は「素が8割、演技が2割」

ココが要点！

- 基本は飾らない素の自分を見せる
- 時には演技を交えて自分をアピールする
- どちらかに偏り過ぎるのは禁物

　面接は「数十分間の劇場」と捉えることができます。演者は受験者のあなた。誰もが素人なのですから、1から10まで理想の職員を演じきるのは無理というもの。第一、素人の演技はすぐにバレます。しかし、だからといって緊張している素の自分だけを見せれば、自分を正確に理解してもらえるほど、面接官の目は甘くありません。

　基本は、「いつもの自分」「素の自分」で構いませんが、平時よりも少し前向きに、積極的に、そして笑顔で振る舞うように心掛けてください。それぐらいでちょうど良いバランスが保てます。

自分を理解してもらうには多少の演出も必要

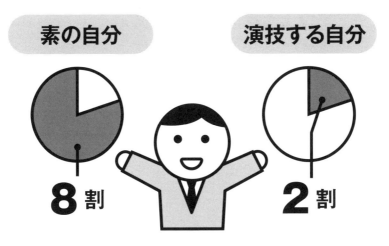

ワンポイントアドバイス

　自分のことを地味でおとなしめとか、引っ込み思案で積極性に欠ける性格だと自覚しているのであれば、いつもより胸を張って大きな声で発言するだけでも印象はがらっと変わるので試してみてください。

第1章 どんな質問にも対応できる！ 10の合格メソッド

10の合格メソッド ❽

クイックレスポンスが評価を上げる近道

ココが要点!

- 頭で考えたことを、即座に言語化する練習をしておこう
- 日常業務での迅速な対応が想起され、評価ポイントに
- クイックレスポンス＝早口ではない

　迅速な対応は自治体職員の基本であり、同時に面接における強力な武器にもなります。考え込む時間が長ければ、どうしても印象が悪くなる（頭の回転が遅いと受け取られる）一方で、クイックレスポンスは頭の回転の良さ＝有能の証と見なされます。

　ただし、クイックレスポンスと拙速は全くの別物です。ましてや早口でしゃべることでもありません。的を射た回答をどれだけ早く正確にできるかが問われます。頭で考えたことを、口に出して言うまでの間のタイムラグを短くする練習を日頃から積んでおきましょう。

クイックレスポンス＝できる職員だと思わせれば勝ち

- ☑ 質問を聞きながら、
  途中で回答を準備しはじめる
  （最後まで聞き終わる前にある程度用意する）

- ☑ 頭で考えたことを
  口に出して言うまでのタイムラグを
  できるだけ短くする

- ☑ 回答している間も
  頭を回転させて次の質問に備える

ワンポイントアドバイス

　クイックレスポンスが苦手な人は少なくありません。その場合、質問への相づちや「そうですね」といった間合いをとる言葉をはさむことで時間稼ぎをして、回答の遅さをリカバーすることもできます。

第1章 どんな質問にも対応できる！ 10の合格メソッド

10の合格メソッド ❾

時には「溜め」をつくって落ち着きを演出する

ココが要点!

- あえて質疑に間を持たせて「溜め」をつくる
- 落ち着きや思慮深さ、余裕のある態度を演出する
- 3問に1問は、じっくり考えている姿勢をアピールする

　面接の応答は、受験者と面接官との言葉のキャッチボールです。テンポ良く受け答えが進めば、面接官の心証は良くなります。しかし、機械的にテンポを速めすぎると、かえってせっかちな印象を与えかねません。テンポに強弱を付けることも忘れずに。

　3問に1問ぐらいの割合で、質問を深く考えている姿勢を見せて「溜め」をつくって回答すれば、準備してきた回答をただ返答しているのではなく、その場でじっくり考えて答えている姿勢をアピールでき、落ち着いた真摯な態度として受け止めてもらえるでしょう。

回答のテンポに「溜め」をつくって好感度アップ

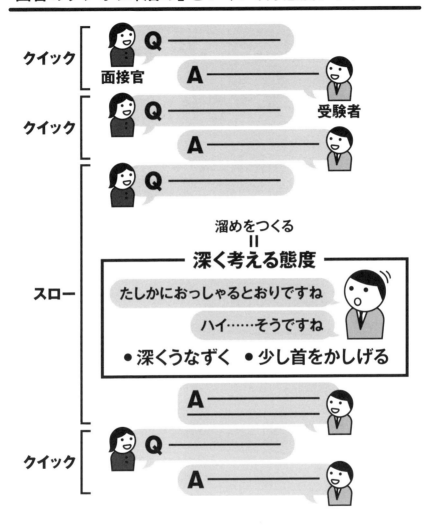

ワンポイントアドバイス

「溜め」をつくるには、ボディランゲージが有効です。面接官の目を見て深くうなずいたり、考え込むように少し首を傾げる、唇を横一文字に結ぶなど、落ち着いた雰囲気を醸し出すのに効果的です。

第1章　どんな質問にも対応できる！　10の合格メソッド

10の合格メソッド ❿

所属する自治体へのフィット感を強くアピールできれば成功

- 評価項目ごとの定量的な評価＝合否ではない
- 所属する自治体の管理職としてのフィット感を見せよう
- フィット感＝職場に馴染み、周りを引っ張る存在かどうか

　面接の評価は項目ごとに数値化（ABCDなどの段階評価）されるのが通例です。評価項目としては、リーダーシップ、調整能力、協調性、責任感、行動力などです。しかし、項目ごとの段階評価を単純に合計した定量的な結果がそのまま合否になるとは限りません。

　定量評価をベースに総合的に合否を判断するとき、最も重視されるのは、管理職になった姿が所属の自治体の中でしっくりくるか、フィットしているかという定性的な部分です。フィット感とは何か。自治体によって組織のカラーは千差万別。まじめさを旨とする自治体もあれば、少しくだけた感じを好む自治体もあります。そうしたカラーを自分なりにつかんで、組織の一員として能力を発揮できることを主張しましょう。こうして、所属の自治体へのフィット感をアピールできれば、合格に大きく近づけます。

管理職としてのフィット感をアピールしよう

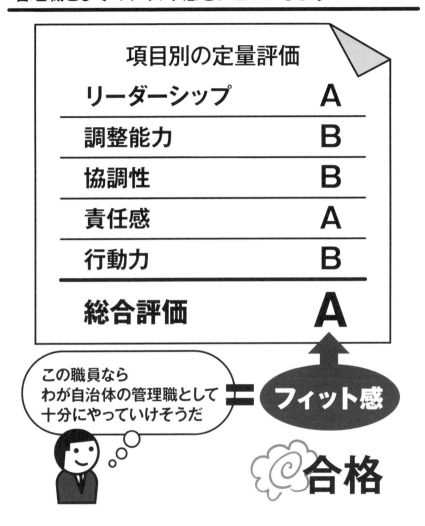

ワンポイントアドバイス

　フィット感といわれてもどのように対策をしたらよいかわからないかもしれませんが、ヒントはすぐ近くにあります。例えば、尊敬する上司がいれば、その上司の立ち居振る舞いがフィット感をつかむよいお手本になります。

COLUMN 1

面接官が手元でチェックしていること

　面接の間、視線をどこに持っていったらよいのか、戸惑うことがあるかもしれません。基本は質問者である面接官の目を見ることですが、どうしても気になってしまうのが面接官の手元です。書類に目を落としたりめくっていたり、なにやら鉛筆を動かしてメモを書いている動作がつい視界に入ってしまうものです。
　特に、質問者ではない別の面接官がしきりに手を動かしている姿が視界の端に入ると、途端に落ち着かなくなることもあるでしょう。

　では、実際、面接官は手元で何をしているのか。一つは、事前に面接シートなどを提出済みの場合は、その内容の確認をしたり、次の質問の材料を面接シートから探したりすることが多いです。
　もう一つは、評価のためのチェックシート（あるいはメモ用紙）に備忘録的にメモを書き込んでいます。チェックシートは自治体によってさまざまですが、オーソドックスなものは、「積極性」「協調性」「リーダーシップ」などの項目ごとに3～5段階で評価を書き込む形式のものです。
　最終の書き込みは、面接終了後、受験者が退出してから行われますが、その元となるメモを面接中に走り書きする面接官が大半です。

　当然、この走り書きには、良いことも悪いことも含まれますので、面接官が手を動かしたからといって慌てる必要は全くありません。むしろ、好印象を持ってくれていると勝手に受け止めて気にしないように心掛けましょう。面接官の一挙手一投足に惑わされることなく、目の前の質問に真摯に向き合うことが、何より重要なのです。

第2章

取りこぼしなし！
受験者本人に関する
定番の問答例

第2章　取りこぼしなし！　受験者本人に関する定番の問答例

自己PR　課長・係長

Q1 はじめに、3分程度で自己紹介をお願いします

ココが要点！
- 自己PRや担当業務などを簡潔に。時間オーバーは厳禁
- 自己PRを基に質疑が始まることも。回答例を準備する

　一般的な面接では、冒頭に自己紹介の時間が設けられています。単に仕事の内容を述べるだけでは物足りません。自身の性格や自治体職員としての心構えなどを交えながら述べます。短すぎてもいけませんが、準備した内容をすべて言い切ろうと頑張り過ぎてしまい、制限時間を超えて話し続けるのは禁物です。

合格する回答例！

 はじめに、3分程度で自己紹介をお願いします。

　〇〇と申します。よろしくお願いします。
　現在、△△部で□□の業務を担当しています。住民の方々と接する機会が多く、常に住民の目線を大切にして仕事に取り組んでいます。これまで、△△や□□などの仕事にも携わってきました。中でも□□の職場では残業が当たり前の日々を送っていましたが、どんなにつらいときでも前向きに取り組むことをモットーにしてきました。
　自治体の業務はチームワークが第一だと思います。自分ひとりが良ければいいのではなく、人間関係を良好に保って、職員全体のパフォーマンスが最大限に発揮できるのが理想です。昇任できたら、そんな職場づくりに取り組み、地域社会と住民の方々に貢献していきたいと思います。
　プライベートでは現在子育て中で、ワーク・ライフ・バランスを大切にしながら、仕事も家庭生活も充実できるように頑張っています。

 以上の回答例を落ち着いた速度で話すと約1分かかります。これに業務内容や自分の性格などの中身を加味して、指定された時間内に収めるように工夫しましょう。時間を超過すると、面接官の心証を損ねるので注意が必要です。

 自己紹介の内容をきっかけに、質問が始まる場合もあります。①住民の目線を大切にしていると言うがクレームが来たらどのように対応するか　②残業の多い職場をどう改善すべきか　③チームワークを築くにはどうすればよいか　④仕事と家庭のバランスをどうとるかなどが考えられます。

第2章　取りこぼしなし！　受験者本人に関する定番の問答例

| 自己PR | 課長・係長 |

Q2　長所は何か？

業務にどう活かしているか？

ココが要点！

- ●「業務」との関連を重視して、ポジティブな面を回答
- ● 長所は短所の裏返し。つっこみが入ることも想定する

長所
前向き
行動的
冷静
責任感

短所
能天気
無計画
無感情
人に頼れない

表裏一体の関係

昇任して仕事に活かす！

　長所を語るのが恥ずかしくて苦手という人もいるでしょうが、面接では堂々と自分の優れた点を語りましょう。ただし、面接官にバレますので、あまり大げさに表現するのは避けましょう。そして、必ずその長所が現在の仕事に活かされていること、昇任したときにも役立つ特性であることを説明するように心掛けましょう。

合格する回答例！

 長所は何ですか？ 業務にどう活かしていますか？

 ●長所が「前向きなところ」と答える場合

長所は、なにごとにも前向きに取り組むことです。先日も、些細なことで資料作成に手戻りが生じましたが、愚痴を言う同僚をなだめて資料の修正に協力して取り組みました。こうした性格は、昇任したときにも部下を励まして業務を進める際に役立つと思います。

> **POINT!** 具体的な事例や、係長になった場合のメリットを述べることで、説得力が格段にアップします。

 前向きな性格が仕事に活かされていることはわかりましたが、先走り過ぎて仕事に支障を来すことはありませんか？

> **POINT!** 長所は、裏を返せば短所にもなり得ます。面接官は、その点を突いてくることがありますので、注意しましょう。

A 前向きな性格のマイナス面も十分承知しています。特に仕事上は、行き過ぎないようにブレーキを適度にかけています。また、周囲の助言を真摯に聞くように心掛けています。

 ●長所が「沈着冷静なところ」と答える場合

長所は、なにごとにも動じず冷静に対応できる点です。先日も、窓口で住民が大声で苦情を言っていました。周りが戸惑う中、上司に状況を説明して一緒に対応した結果、事なきを得ました。昇任した際も、冷静な状況判断ができれば、緊急事態にも的確に対応できると思います。もちろん、冷静さとともに熱い心を持って業務に取り組んでいきたいと思います。

第2章　取りこぼしなし！　受験者本人に関する定番の問答例

| 自己PR | 課長・係長 |

Q3 短所は何か？どう克服したか？

ココが要点!

- 「仕事に支障がないこと」「克服のための努力」を強調
- 克服した過程を中心に話す

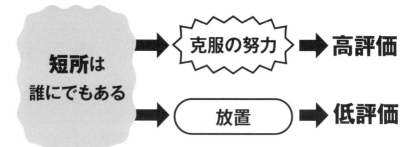

　誰にでも短所はあります。引っ込み思案、考えすぎ、せっかち、軽率などです。しかし、短所を放置しているのか、それとも自分の努力でリカバーしているのかで、大きな違いが出ます。克服する過程での具体的な取組みや工夫をセットで回答しましょう。できれば、短所を長所に転換する方向性を示せればベストアンサーです。

合格する回答例！

 短所は何ですか？ どう克服しましたか？

 ●短所は「独断専行なところ」と答える場合

　短所は仕事を進める際に多少、独断専行の傾向があるところです。自分の判断を優先しがちで、周りの意見や関係者の意向を十分に受け止めないで白黒をはっきりさせてしまう傾向は自分でもよくわかっています。

　職員を管理監督する立場に立つ際には、自分の短所を十分に意識して、意見の集約に努め慎重に行動していきたいです。

> **POINT!** 自らの欠点をよく自覚していることを強調しましょう。

 昇任すれば、今よりももっと判断を求められる場面が増えますが、独断専行で組織を牽引していけますか？

> **POINT!** 短所の質問に追加のツッコミ質問はつきものです。動揺せずに、落ち着いて回答しましょう。

 　短所のない人はいないと思います。どうやって短所をプラスに転じられるかが重要です。私の短所である独断専行はうまくコントロールできれば、適切な判断に結びつけられます。短所を長所に変える努力を続けていきます。

●短所は「人の話を聞き過ぎるところ」と答える場合

　短所は人の話を聞き過ぎてしまい、物事の判断が中途半端になるところです。ただし、こうした性格は悪い面ばかりではなく、上手に活用すれば部下の話をよく聞ける上司になれます。これからは、人の意見によく耳を傾けたうえで、自ら判断をしっかり下せるようにしたいと思います。

第2章　取りこぼしなし！　受験者本人に関する定番の問答例

自己PR　係長

Q4 なぜ係長になろうと思ったのか？

ココが要点!
- これまでの実体験に根差した動機を述べる
- 係長の重要性、立場の難しさにも理解を示す

係長の魅力
☑ やりがい
☑ キャリアアップ
☑ 能力発揮

　この質問は定番中の定番です。自身の経験に基づいて、係長としての役割の重要性を述べましょう。具体的な事例を交えることができれば、より説得力が増します。さらに、自らも職員をまとめる立場に立って活躍したいという意欲を積極的に示すことが大切です。そのうえで、より困難な立場に立つ覚悟があることもアピールしましょう。

合格する回答例！

なぜ係長になろうと思ったのですか？ きっかけと理由は何ですか？

いくつかの職場で経験を積み、いろいろな係長の元で仕事をさせていただきました。係長でなければできない高いレベルの判断や調整を行う立場に魅力を感じました。長い公務員人生を考えたとき、今のポジションにとどまるのではなく、キャリアアップしてより高い立場で業務に取り組みたいと強く考えるようになりました。係長は係のとりまとめ役として課や部の業務全体に深く関わる重要なポストです。私も係長として自らの能力を存分に発揮したいと思い、係長試験を受けました。

係長になれば一般職員とは違い、重い責任や的確な判断が求められます。時間的な制約も増します。そうした重圧に耐えられますか？

この類の質問は覚悟しておきましょう。正解が求められているというより、臆さずしっかり返答できるかどうかが試されています。

責任の重さは、やりがいの大きさに通じていると思います。以前仕えた係長の姿を見ていて、印象的なことがありました。その係長は、ある案件に反対する住民を説得するため、住民からの厳しい言葉にも耐えて話し合いを重ね、最後には納得してもらっていました。

仕事への責任感がその係長を動かしたのだと思います。苦労の分、地域社会や住民への貢献度も高まります。係長になる覚悟はできています。

【別の回答例】「ある係長が私にこう言ってくれたことがあります。「階段を一段のぼれば、全く別の景色を見ることができる」と。私もその景色をぜひ見てみたいと思います。」

第2章　取りこぼしなし！　受験者本人に関する定番の問答例

[資質] [係長]

Q5 手本にしたい上司（係長）はいるか？

ココが要点!
- 特定の職員を具体的に想定し、見習うところを述べる
- いない場合は、理想の上司像に結びつけて回答する

　この質問では、手本となる上司に巡り会わなかった場合にどう回答するかが大きな問題になります。「いませんでした」とは言えないので、苦肉の策として、こうありたいと考える理想の上司像から逆算して、「こんな上司がいた（＝いたらいいな）」というストーリーを組み立てて回答することもやむを得ない場合もあるでしょう。

合格する回答例！

 手本にしたい上司（係長）はいますか？ それはなぜですか？

 以前の職場で出会った係長が自分にとっては見習うべき上司でした。その係長は上司と部下への配慮のバランスが非常にうまくとれていました。係長という立場は、課長と一般職員の間にはさまれる難しいポジションですが、どちらに重心を置くかが重要です。課長の顔色ばかりうかがう係長は部下に信用されませんし、逆に部下とベッタリで課長と対立するようでは業務がうまく回りません。バランス感覚に優れた係長に少しでも近づけるように努力していきたいと思います。

> **POINT!** 実例と理想像をつなげて、自分もそうなりたいという決意表明で締めくくるとよいでしょう。

 部下にとっては困難でありつつも、業務上は不可欠な指示を課長から受けたときには、どう対応するでしょうか？

> **POINT!** 意地悪質問に対しては、上司・部下双方にとって折衷案的な解決方法を提示することで切り抜けましょう。

 難しい対応だと思いますが、まずは課長の指示内容をよく理解して納得したうえで、部下に対して指示の重要性を説明します。困難な部分は一緒に頑張ろうと部下を鼓舞すると同時に、締め切りを少し延ばすなどの余地がないかなど、課長に相談し、部下の負担軽減を図る配慮を忘れないようにすべきだと思います。

> 【別の回答例】「部下の説得にあたっては、最終的には自分が責任をとる旨を明確にして、具体的な作業手順を示し、職員のモチベーションを維持するように努めます。」

第2章　取りこぼしなし！　受験者本人に関する定番の問答例

資質 | 係長

Q6 反面教師の上司（係長）にはどう対応してきたか？

ココが要点！

- 愚痴はNG。感情的な言い回しは避ける
- 特に意思決定や判断の場面でのエピソードが好まれる

理想　　反面教師

✗ 優柔不断
✗ 責任回避
✗ 上司にべったり
✗ 話が通じない
✗ 指示があいまい

経験を基に具体的な対策を述べると好印象✦

　困った係長はどこにでもいるので例示には事欠かないでしょうが、係長としてどこがダメなのかを具体的に指摘する必要があります。優柔不断、責任回避、上司の顔色ばかりうかがう、話が通じないなどです。そんな係長の元で働くにはどうすればよいのか、経験をふまえて工夫した点なども付加して回答しましょう。

合格する回答例！

 反面教師となる上司（係長）はいましたか？ どう対応しましたか？

 部下として一番困るのは、決断力のない係長です。困ったときに相談しても、結局何も決まらず、「課長に言っておくから」と言うだけで、一向に仕事が進みません。規定上の決定権は課長以上にあるとはいえ、日々の業務は小さな決定の積み重ねですから、係長の役割は大きく、部下への指示を明確にしてほしいと感じていました。

> 感情的にあげつらうのは避けましょう。指摘の中に解決の方向性を含ませると回答が膨らみます。

 そんな係長では仕事が進まないでしょうが、あなたはどう対応していましたか？

> 具体的にどう対処したのかを明確にしましょう。

 優柔不断な性格はすぐには直らないと覚悟して、こちらから決断を誘導するように働きかけました。「AかBか決めてほしい」ではなく、「AよりBのほうがよいと思いますが、それで進めさせていただきます」という形で指示を仰ぐようにしていました。係長としても決断の重荷から解放されるので、「それでお願いします」と言いやすくなったと思います。

> 【別の回答例】「禁じ手かもしれませんが、仕事を遅らせたり不完全なままにはしておけないので、重要な案件に限っては、あえて課長にまず相談して指示を受け、その内容を係長に報告する形をとりました。もちろん、係長のメンツを潰さないように配慮しました。」

第2章 取りこぼしなし！ 受験者本人に関する定番の問答例

資質 係長

Q7 「2つ上の地位に就いた意識で仕事をする」を係長としてどう理解する？

ココが要点！

- 「もし係長なら、部長の視点で物事を捉える」という意味
- 難しいことは言わなくてもよい。平易な言葉で話す

　質問の主旨は、組織の上に立つ者は直近上位者（係長なら課長）の立場を理解するだけでは足りず、さらに上（部長クラス）の視点と視野を意識して仕事に臨むべきだという意味です。これは、ある自治体の昇任試験受験者の間で広く知られている言葉なのですが、逆に自分自身の信条として主張する際にも活用できるフレーズです。

合格する回答例!

「2つ上の地位に就いた意識で仕事をする」という意味を係長としてどう理解していますか?

　ある職場の係長からも同じ主旨の言葉をいただいたことがあります。最初は何のことなのか理解できませんでしたが、その係長の動きを見ていて感じたのは、業務上の目的を達成するには、課長を説得して動かすだけでは不十分で、部長の判断や思いもふまえないといけないのだということです。
　実践するには非常に高いハードルではありますが、組織の一員として自分のポジションにとどまらずに、より高い視点と広い視野を持つことの重要性を表わしていると思います。

> **POINT!** 実体験や実例に沿って回答すると説得力が増します。平易な説明とともに、その難しさについても言及しましょう。

言葉で言うのは簡単ですが、自分の仕事で手一杯の係長が部長の視点を持つことなど実際にできると思いますか。

> **POINT!** 難しいことを理解したうえで、係長の心構えとして重要であることをしっかり説明する必要があります。

係長が実際に2つ飛び越えた視点を持って仕事をすることは難しいことですが、仕事に臨む姿勢や持つべき視点・視野に関して、示唆に富む言葉だと受け止めています。直近の上司の顔色を伺うのではなく、2つ上の上司の立場から仕事全体を俯瞰することの大切さを教えてくれていると思います。

> 【別の回答例】「日々の実務にかまけていると、どうしても大所高所からの見方を忘れがちになります。自分の立ち位置を再確認する意味からも、2つ上の役職の意識を持てというアドバイスは、戒めの言葉として心にとめておくべきです。」

第2章 取りこぼしなし！ 受験者本人に関する定番の問答例

資質 係長

Q8 係長に昇任して苦労するより現状維持がよいのでは？

ココが要点！

- 意地悪質問の典型には、落ち着いて「決意表明」を
- 実在する係長のエピソードを話すと説得力が増す

　志望動機でどんなに理想を語っても、現実の係長の姿はそれほどかっこ良いものではありません。面接官からは「苦労するより今のままのほうが楽ですよ」という誘惑の声がかけられますが、断固として跳ね返す必要があります。しっかりと決意表明しましょう。手本とする実在の係長のエピソードなどを交えると、説得力が増すでしょう。

合格する回答例！

 係長に昇任して苦労するより現状維持がよいのではありませんか？

 おっしゃるとおり、係長になれば、一般職員とは比べものにならないほど苦労が増えることは十分に理解しています。負わされる責任も桁違い、迅速な判断も求められます。職員をたばねる努力も必要になります。

だからこそ逆に、やりがいも増えると思います。自治体職員としての長い人生を考えたとき、ずっと今の状況に甘んじるのではなく、自分をステップアップさせて新しいステージで実力を発揮したいと強く感じています。

係長になる覚悟はできています。

> **POINT!** 理路整然と回答する以上に、語気を多少強めて言い切るくらいのほうが好印象を与えます。

 住民対応の矢面に立たされたり、議員対応の機会も増えるなど、心身ともに重圧に晒されることになりますが、それでも係長になりたいですか？

> **POINT!** ダメ押しに対しても、引き下がらずに1問目の回答の基本線を堅持して回答しましょう。

 ある係長が話してくれました。「住民対応も議員対応もやってみて初めて相手の気持ちがわかるものだ。誠意を持って対応することが一番大切なことだ」と。この言葉を肝に命じて実践していく覚悟です。

> 【別の回答例】「係長の重みはしっかり自覚しているつもりです。さまざまな重圧に耐える自信はあります。未経験のことにチャレンジする気持ちはいつでも持っています。」

第2章 取りこぼしなし！ 受験者本人に関する定番の問答例

[資質] **課長**

Q9 なりたいと思う課長像は？

ココが要点!

- ●理想が高すぎるとツッコミが入るので注意
- ●「部下の味方」「調整力がある」など明確な設定で一貫性を

　「手本にしたい係長はいるか？」という質問と同じ主旨の質問です。課長ですから、係長以上に強い責任感や高度な判断力・調整力を持つことが理想です。ほかにも、困難な状況から逃げない、上司にモノを申すことができる、職員と一緒に汗をかいてくれるなどが考えられます。ただし、あまり理想を高く語りすぎると、二の矢の質問で突っ込まれるので注意が必要です。

合格する回答例!

なりたいと思う課長像はどんな人ですか? なぜそのように考えるのですか?

●「一緒に汗を流す課長」と答える場合

これまでさまざまなタイプの課長の下で仕事をしてきましたが、自分は、職員一丸となって仕事に取り組み、達成感を共有できる課長を理想としています。課は一つのチームですから、チームワークを発揮するために、課長は率先して職員の輪の中に入っていく必要があるからです。職員のモチベーションを維持・向上することによって、課の力も強化されると思います。

理由を述べる際には、課にとって有益であり組織のために必要という部分を強調するとよいでしょう。

課長と職員があまりに一体化してしまっては、責任の所在や役割分担上の関係で問題が生じませんか?

課長としての職責を果たす中で、いかに職員を巻き込んで組織としてのパワーを向上させられるかが重要だと認識しています。単に課長と職員が仲良くすることとは違います。

●「責任をとれる課長」と答える場合

課長として最も大切なのは、実務の責任をしっかりとる覚悟を持つことだと思います。職員に責任を押しつけたり、逆に何でも他人のせいにしたりするようでは、職員はついてきません。何ごとからも逃げない姿勢を示せる課長が理想です。

【別の回答例】「高所から判断を下せる課長になりたいと思います。中には上からの指示をそのまま職員におろして自分は何もしない課長がいますが、常に指示内容がベストだとは限りません。課全体の現状をふまえて自ら判断する課長が理想です。」

第2章　取りこぼしなし！　受験者本人に関する定番の問答例

[資質] **課長**

Q10 課長に求められる資質は？

ココが要点！

- 調整力、決定力、実行力、包容力、先見性、専門知識など
- 自分に照らしあわせ、3本柱に整理・分類して回答しよう

実行力　調整力　決定力　包容力
豊富な知識・経験　先見性

プレーヤー ＋ **マネージャー**
（プレイングマネージャー）

　課長に必要な資質は多岐にわたりますが、その中から3つ程度を選んで、理由とともに回答しましょう。これまで触れてきたとおり、代表的な資質としては、調整力や決定力の他にも、推進力、包容力、先見性、豊富な経験などが挙げられます。どれを選んでも「それだけで十分ですか？」と問われることを想定しておきましょう。

合格する回答例！

 課長に求められる資質は何ですか？ なぜそう思うのですか？

 いくつもあると思いますが、3つ挙げるとすれば、調整力と決定力、そして推進力だと思います。まず、調整力は上司と部下との橋渡しや関係機関との連携などに不可欠です。また、決定力は業務上の取組みの方向付けや軌道修正などの際に求められる資質です。さらに、実務の責任者として課をまとめて仕事を前に進める推進力も必要になると思います。

> それぞれの資質が仕事上でどう機能するかを説明する必要があります。短くてもよいので具体性を持たせましょう。

 調整力や決定力、推進力といった資質は課長でなくても係長や職員にも必要とされる資質のように感じますが、いかがですか？

> 面接官は本気でそう考えているわけではありません。どう切り返してくるかを見極めているのです。

 職員に必要な資質と課長に求められる資質では、レベルや中身が自ずと違ってきます。たとえば、調整力一つをとっても、調整する範囲や関係者の数、困難の度合いが格段に高まります。課長には一つ上を行く能力が求められると思います。

> 【別の回答例】「課長に必要なのは、部下に仕事を任せる度量の大きさだと思います。係長はプレイングマネージャーとして自ら動くことが多い一方で、課長は部下の能力を引き出し、課全体のパフォーマンスを高めることが求められます。部下を信じてやらせてみて、結果は自らが負うという姿勢が重要です。」

第2章　取りこぼしなし！　受験者本人に関する定番の問答例

[資質] [課長]

Q11 課長になるにあたり自分に足りない資質は？

ココが要点！

- ケース別に対応策、改善方法を洗い出す
- 不足＝欠点ではない。前向きな姿勢が大切

○○が足りない ≠ 欠点・課長に向かない
　　　　　　 ＝ 自分の伸び代
　　　　　　　↓
　　　　努力と経験で克服
　　　　　　　↓
　　　　　理想に近づく

　課長に求められる資質に関する質問の「更問い」に属する質問です。単に○○が不足していると言うだけでは面接官を納得させられません。足りないことで仕事上支障を来している実例を挙げ、どう対処しているかを回答します。「不足＝欠点」ではなく、自分の伸び代として前向きに捉えて、改善の方向を示すことがとても重要です。

合格する回答例！

Q 課長になるにあたり自分に足りない資質は何ですか？ どう改善しますか？

A ●「調整力が不足しているところ」と答える場合

自分には課長に不可欠な調整力がまだ十分ではないと感じています。日常業務では課内の職員だけでなく他の部署との情報共有が必要ですが、行き違いや意見の対立を上手く調整できないときがあります。そんなときは、相手と粘り強く交渉すると同時に、一人で抱え込まず上司や同僚に助けを求めるなど、仕事に支障が出ないように注意しています。

Q 課長になれば、一人で対応しなければならない場面も増えますが、調整力不足のままでやっていけますか？

POINT! 今足りない部分があっても、今後、改善できればさらに飛躍できるという流れに持っていくことが重要です。

A 今は、調整力を身につけるために多くの経験を積む時期です。他部署との打ち合わせの場などで出席者がどのように調整を図っているかをよく見定め、自分も実践できるように努めています。調整力を備えた課長になる自信はあります。

A ●「判断力が足りないところ」と答える場合

今の自分には、課長レベルの判断力が不十分だと自覚しています。大事な判断を求められるときは、課長である上司にも相談し、自分の判断との違いを自覚するようにしています。こうした経験を通じて、課長としての大所高所からの判断はどうあるべきかを自分なりに習得しようと努力しています。課長になった暁には、関係者も職員も納得できる判断を下せるようにしたいと思います。

第2章 取りこぼしなし！ 受験者本人に関する定番の問答例

資質 課長

Q12 課長になったら、部下の人材育成にどう取り組むか？

ココが要点！

- 今の部下世代にあったOJTのやり方を述べる
- OJTだけでなく、外部研修やボランティアなどにも触れよう

令和型のOJT
- 同じ目線
- 平易な言葉
- 親身で丁寧

外部研修の活用

　課長にとって部下の育成の大部分は、OJT（オン・ザ・ジョブ・トレーニング）の形で実行されます。昭和の時代のように自分の背中を見せて無言で仕事のやり方を伝えるのか、言葉や行動を通じてわかりやすく人を育てるのか。今の時代には後者の手法が一般的です。「自分なら課長からこう指導してほしい」という観点も重要になります。

合格する回答例!

 課長になったら、部下の人材育成にどう取り組みますか?

　自分の経験を振り返ると、課長の一挙手一投足を見よう見まねで参考にして、自らをレベルアップさせてきました。つまり自然とOJTを実践してきたわけですが、この手法は、現在の若手職員には通用しないと思います。

　やはり今は、信頼関係のベースをつくったうえで、職員と同じ目線に立って丁寧に教えることが重要です。また、最初から正解を提示するのではなく、職員に考えさせる形で課題を与えることも忘れてはいけないと思います。

　何より大切なのは、課題をクリアしたときに、職員と一緒に達成感をわかちあうことです。そうできれば、最高の人材育成になるのではないでしょうか。

> **POINT!** 世代によるOJTのあり方の違いや現在に適した教え方などをふまえて回答し、面接官に好印象を与えましょう。

 OJT以外に、人材育成の取組みを考えていますか。

> **POINT!** OJT一本槍では、面接官から隙を突かれます。研修などの機会をどう活用するかについても配慮しましょう。

　機会があれば、積極的に外部の研修などを受講させるようにしたいです。自分には、研修を受けたくても業務が立て込んでいて周りに迷惑がかかると思い断念した経験があります。職員からの要請があれば、課内での仕事の分担をやり繰りするなど工夫して希望に添えるようにしたいと思います。

> 【別の回答例】「被災した自治体への派遣や災害ボランティアへの参加も本人にとって大きな人材育成のチャンスです。そうした機会をできるだけ与えられるようにします。」

第2章 取りこぼしなし！ 受験者本人に関する定番の問答例

[自己啓発] [課長・係長]

Q13 自己啓発として、日常的に取り組んでいることは？

ココが要点!

- 語学、資格、勉強、地域活動など具体的に回答する
- 趣味を答える場合は、成長につながる点をきちんと話す

```
  語学系
  資格取得系         自治体の仕事
  地域活動系    ＋   ・
  勉強会系           地域との関連
```

　自己啓発は、仕事に直接関係する事柄に限定する必要はありません。一般的なのは語学の勉強や資格の取得などですが、自分の可能性を広げるための取組みを例示することも効果的です。ただし、自己啓発と趣味の領域との境界はあいまいです。たとえばスポーツ活動などを取り上げる際には、自分の成長につながる部分をきちんと述べてください。

合格する回答例！

Q 自己啓発として、日常的に取り組んでいることは何ですか？

A ●語学の勉強と答える場合
3年前から英会話の勉強を続けています。仕事で使う場面はありませんが、将来的に国際化が進んだときには仕事で役立つこともあると思います。また、地域に住む外国の方々と個人的にコミュニケーションをとる際にも活用しています。

A ●資格の取得と答える場合
福祉系の国家資格の取得を目指して勉強しています。今の業務に直結するわけではありませんが、福祉分野は自治体職員として切っても切れない関係にあります。基本的な知識として身につけておきたいと考えています。

POINT! 一般的な自己啓発の場合、差別化を図るためにも、自治体や地域などとの関連性に触れておくと説得性が増します。

A ●勉強会への参加と答える場合
学生時代の仲間と定期的に意見交換会を開催しています。参加者の職種はさまざまで民間企業が中心です。自治体職員はともすれば井の中の蛙になりがちです。外部との交流を通じて多様な視点と広い視野を養うことができます。

A ●地域活動と答える場合
地元でボランティア活動（自治会の役員・子ども会のまとめ役など）をやっています。仕事を離れて地域の方々と接することは非常に新鮮で刺激になると同時に、地域の課題も自然と見えてくるなど、大変勉強になります。

POINT! 仕事より自己啓発の比重が大きいようでは本末転倒です。あくまでプラスアルファの位置づけとして回答しましょう。

第2章　取りこぼしなし！　受験者本人に関する定番の問答例

[自己啓発] [課長・係長]

Q14 日々の情報収集はどうやって行っているか？

ココが要点!

- 常にアンテナを張る姿勢が求められる
- デジタルな方法とアナログな方法の両立で鉄板回答に

　情報収集はスマートフォンひとつでできてしまうと考えがちですが、それだけで答えが終わってしまっては非常に浅い回答と言わざるを得ません。情報の偏りなど、デジタルの限界を認識していることも付加すべきでしょう。さらに、アナログな手法による情報収集にも取り組んでいる点も忘れずにアピールしましょう。

合格する回答例！

 日々の情報収集はどうやって行っていますか？

 情報収集の基本はインターネットを通じて行っています。毎日、ニュース全般を広くチェックして世の中の動きを把握しています。特に、他の自治体の新しい取組みに関する情報や国会での法改正の動向については、漏れがないようにチェックしています。アンテナを360度広げて情報収集することが、将来的にも必ず役立つと思います。

 漠然と情報収集をしているというだけでは全く物足りない回答です。分野や項目を具体的に挙げましょう。

 インターネットを利用した情報収集には偏りやフェイクニュースなどデメリットもあると思いますが、その点はいかがですか？

 その点はよく理解しているつもりです。ですから、情報元の確認や、異なる情報源を複数利用して比較するなど、インターネット上の情報に振り回されないように気をつけています。

 インターネット情報の不確実性について十分に認識していることをアピールしましょう。

 インターネットの利用以外で、何か情報収集に取り組んでいますか。

 生きた情報を得るには、アナログな手段を活用することも重要です。たとえば、地域ごとの状況を把握するには、現地に足を運んで、自分の目で確かめることが不可欠です。また、住民のニーズを的確に捉えるには、顔と顔を合わせて言葉を交わし、生の声を聞く必要があります。こうしたアナログな手段で集めた情報とデジタルのデータなどを組み合わせることで、地域の実情や住民のニーズを立体的に確認できます。

第2章 取りこぼしなし！ 受験者本人に関する定番の問答例

[自己啓発] [課長・係長]

Q15 最近、関心を持った社会的なニュースは？

ココが要点！

- 社会問題は、面接直前の世の中の動向をふまえておく
- 自分なりの見解があることも、評価ポイントになる

社会的なニュース
- 少子高齢化
- 人口減少
- 大規模災害
- 子育て支援
- AIの活用
- 行政のIT化
- 気候変動
- 若者の貧困 ‥‥

⇔ **自分の意見・見解**

　近年の社会的な動きの代表例としては、少子高齢化、人口減少社会、気候変動問題、大規模災害、子育て支援、子ども・若者の貧困問題、行政のIT化・DX推進・AIの活用などが挙げられます。面接直前の世の中の動向もふまえて、いくつか選択肢を用意しておきましょう。社会問題への関心と理解は、他の質問に答える際にも活用できます。

合格する回答例!

最近、関心を持った社会的なニュースは何ですか? なぜ関心を持ったのですか?

●**人口減少社会と答える場合**
近い将来、東京でも人口は減少局面に入ると報じられています。人口減少が地域社会や自治体にもたらす影響は計り知れません。限られた予算の中でも少子化対策・子育て対策の拡充が急務だと思います。

しかし、少子化対策は一自治体の取組みだけでは限界があります。県や国に任せるべきではないですか?

具体的なテーマに関しては、個人的な見解等を準備しておくことが賢明です。

おっしゃる点は確かにありますが、だからといって自治体が手をこまねいてはいられないと思います。この地域に適した子育て支援策等を積極的に展開すべきと考えます。

●**気候変動問題と答える場合**
温暖化の影響とみられる豪雨被害や農作物への影響がニュースになっています。化石燃料からの脱却を目指して自治体の温暖化対策がこれまで以上に重要になると思います。

●**大規模災害への対策と答える場合**
最近、日本各地で地震や水害の被害が生じています。△△地震では、2次避難の難しさや災害弱者への対応に関心が集まりました。直接の担当業務はありませんが、自治体職員として高い関心を持っています。今回の地震の教訓を活かし、災害対策の拡充に努めるべきだと感じています。

COLUMN 2

「仕事ができる」と「元気で積極的」、どっち?

　面接官が高評価をつけるのは、「仕事ができる」職員か、それとも「元気で積極的」な職員か。まさに究極の2択です。
　組織を牽引して業務を遂行する職員を選ぶための面接ですから、「仕事ができる」職員を選ぶのは当然。一方で、組織を活性化し雰囲気を明るくするには、「元気で積極的」な職員を選ぶのも当然。はたして、面接官の眼鏡にかなうのはどちらでしょうか。

　まず、面接という短い時間内に「仕事ができる」と感じる職員とは、質問に打てば響くように答える切れ者タイプがその典型です。「元気で積極的」は、文字どおり快活でハキハキした受け答えをするタイプといえます。面接官が抱く基本的な印象としては、前者は物事を客観的に見て沈着冷静に見え、後者は前向きで少々オーバーアクション気味に見えるかもしれません。

　そのうえで、ズバリ結論を言えば、面接官が好印象を抱くのは、「元気で積極的」な職員のほうです。理由は、能力判定は業績評価などの指標である程度行われているため、面接における評価基準は、組織を牽引するにふさわしい職員かどうかに重点が置かれるからです。

　では、あなたは「元気で積極的」な職員でしょうか。もし違っていたとしても大丈夫。「元気で積極的」は性格というより表現の問題です。つまり、面接の間だけでも言葉と態度を意識して「元気で積極的」に振る舞うことは十分に可能なはずです。自分とは少し違うキャラを短時間演じることも、面接対策の一環だと認識しましょう。

第3章

しっかりおさえたい！
仕事・施策に関する
頻出の問答例

第3章　しっかりおさえたい！　仕事・施策に関する頻出の問答例

| 仕事 | 課長・係長 |

Q1 仕事を通じて得たものは？ それをどう活かしていくか？

ココが要点！
- やりがいや達成感、喜びなどのポジティブな内容を述べる
- モチベーションの有無もチェックされている

　住民・地域社会への貢献　　自身の成長　　チームワークの大切さ

→ **達成感　やりがい**

　仕事のやりがいや喜びは人によって千差万別です。仕事の達成感を得たいのか、自身の成長に充実感を感じるのか、住民のために働くことを喜びとするのか、黙々と働く中に幸せを見つけるのか、回答によってそれぞれの価値観がストレートに反映される質問です。昇任してからのモチベーション維持につながる要素としても捉えましょう。

合格する回答例！

 仕事を通じて得たものは何ですか？ それをどう活かしていきますか？

 一つには絞りきれませんが、自治体職員として、住民の方々や地域社会に貢献できたと感じた時の充実感は何ものにも代えがたいものです。たとえば、新しい事業を実施して住民から感謝の気持ちを伝えられたときなど、大きなやりがいを感じます。

　また、人員も予算も限られる中、地域のイベントを企画した時には、職員が一丸となって困難を乗り越え、実現にまでこぎつけました。係の一体感を実感すると同時に、地域の活性化につなげられた充実感を得ることができました。

　これからも、地域社会への貢献と仕事に対するやりがいを両輪に業務に取り組んでいきたいと思います。

> **POINT!** 回答を一つに限定すると、捉え方が狭い、一面的だと受け止められます。二つ程度を列挙して回答するのがベターです。

 住民サービスは当然ですが、時には住民の意にそぐわないことを実行する必要も出てきますが、どうしますか？

> **POINT!** 意にそぐわないことも、大所高所からは住民のためという視点を見落とさないようにしましょう。

 短期的には意に反しても、長期的な視点や全体としてのバランスの中で、住民のためになることを実施するのが自治体の責務だと思います。総合的に判断すれば住民のためになるということを理解してもらえるように努力します。

> 【別の回答例】「一部の利益ではなく、全体の福祉向上につながることが本当の意味で住民のためであると考えます。ただし、不利益を被る住民にとっては納得しがたい部分もあるので、粘り強く説得する必要があります。」

第3章 しっかりおさえたい！ 仕事・施策に関する頻出の問答例

仕事 | 課長・係長

Q2 業務上の課題は？
工夫した点と成果はあったか？

ココが要点！

- 「課題→改善策→成果」の3段階で話す
- やり残したことや苦労したことまで加えると説得力アップ

| 課題の洗い出し | → | 改善策 | → | 成果 |

- 上司への相談
- 係内の情報共有
- 関係部署等との調整

　担当業務によっては、ルーティンワークが中心で華々しい成果を上げるのが難しい場合もあります。仕事上の小さな改善点や工夫した点を思い起こして、「課題→改善策→成果」の3段階で筋道を立てて回答します。その際、苦労したエピソードや、さらなる改善点があったことなどを交えて回答すると説得力が増します。

合格する回答例!

 業務上の課題は何ですか? 工夫した点や成果を教えてください。

 　一つ前の職場での経験をお話しします。その係では、私を含めて担当者間の連携がうまくいっておらず、伝達ミスや行き違いなど、小さなミスが時々発生し、業務に支障を来していました。そこで、自分の業務だけでなく、係全体の業務の流れから問題点を洗い出し、まず上司に相談して問題意識を持ってもらいました。そのうえで、係内の打ち合わせを重ねて課題の共有を図りました。その結果、ミスが減少し、係内のコミュニケーションも風通しも良くなりました。
　これからも前例にとらわれずに業務改善に取り組んでいきたいと思います。

> **POINT!** 自分一人が改善したと自慢するような言い振りは禁物です。上司への相談・根回しをして、同僚の理解を得たうえで係全体で協力して取り組んだ点を強調することが重要です。

 改善にあたって、一番苦労した点は何ですか? 係内で反対はなかったですか?

> **POINT!** 係内にとどまらず、関係部署などとの調整がうまくいくかどうかが業務改善のポイントです。この点を取り上げましょう。

 業務改善には関係部署への影響が避けられなかったので、説明と説得を上司にお願いしました。これには感謝しています。組織の垣根を越えた取組みが重要だと痛感しました。

> 【別の回答例】「ベテラン職員から今までのやり方で問題はないと反対されましたが、粘り強く説得して、最後には改善に賛成してもらえました。人間関係も良好になりました。」

第3章 しっかりおさえたい！ 仕事・施策に関する頻出の問答例

[仕事] [課長・係長]

Q3 これまでで一番つらかったことは？ どう乗り越えたか？

ココが要点！

● セールスポイントを示す絶好のチャンス！
● 難局を乗り越えた点を積極的にアピールしよう

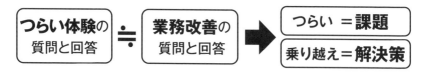

　残業の多いポスト、職場での人間関係、住民対応など、つらい体験の切り口はさまざまです。ポイントは、克服した体験談に重点を置いて答えること。粘り強い対応や冷静な判断、ここぞという時の頑張りなど、自分のセールスポイントを強調します。ですから、ある程度の誇張表現は許容範囲内と捉えてもよいでしょう。

合格する回答例!

これまでで一番つらかったことは何ですか? どう乗り越えましたか?

●**多忙な職場について回答する場合**

　ある職場で、年度途中で欠員が生じて、係員全員に負荷がかかり、残業が毎晩続いたときが一番つらい経験でした。ちょうど子育ての時期とも重なり、家族にも迷惑をかけました。

　業務量をすぐに減らすことも人員の補充も難しいことはわかっていたので、できるだけ係員間の業務分担の平準化を図り、相互に助けあう体制をみんなでつくりました。

　また、係員が日替わりで定時退社の日を決めて実行するなど、日々の業務にメリハリをつけるようにして、何とか乗り切ることができました。

つらい体験と克服に関する話題は、業務改善の話題にもつなげることができます。

●**人間関係について回答する場合**

　上司と若手職員の間に板挟みになったことです。私自身は、上司とも若手職員とも関係は良好でしたが、上司と若手職員の相性が悪くいつも衝突し、係内の雰囲気は最悪でした。

　双方の言い分を聞くと、お互い誤解している部分が多かったので、仲介役として話しあいの場を設定しました。その際に最も気を遣ったのは、上司のプライドを傷つけないように配慮することでした。誤解の大半は解けましたが、しこりは残りました。以後、若手職員と頻繁に意思疎通をとり、フォローに努めました。

自らが率先して動くことで難局を打開する姿勢を示すことが重要です。万事うまく解決しなくとも答えとして**十分**です。事後のエピソードも加えるとリアリティが増します。

第3章 しっかりおさえたい！ 仕事・施策に関する頻出の問答例

仕事 課長・係長

Q4 これまでで最も成功した仕事上の経験は？

ココが要点！
- ●「何を得てどう活かしたのか」という観点で話す
- ●小さな体験でも、深掘りすれば語れるものがある

成功体験
身近な事例を深掘りする

- 課題の見極め
- 関係者の説得
- 実践
- 上司・同僚の協力
- 反省と改善

　単に自慢話が求められているのではありません。なぜ成功したのか、成功の要因をどう活かしたのかを、成功体験から導き出す必要があります。つまり、仕事上の体験を通じて自分が何を得てどう成長したのかを回答する質問なのです。派手な事例である必要はなく、小さな体験でも構いません。自分が体得したものを深掘りして回答しましょう。

合格する回答例！

これまでで最も成功した仕事上の経験は何ですか？

　成功体験と呼べるほどではありませんが、前任者から引き継いだ案件のひとつに、関係者間の合意が得られずストップしているものがありました。異動直後で右も左もわからない中、関係者一人ひとりからこれまでの経緯や言い分を丁寧に聞いて回りました。皆さん、はじめは口も重く不平不満を言うことが多かったですが、そのうちに、連絡の不備などの問題点が明らかになり、最終的には課題を解決することができました。

　些細な行き違いが大きな不信感を生み業務に悪影響を及ぼす典型的な出来事だったと思います。一度こじれた関係は時間と手間を掛けて解きほぐす必要があり、またそうならないように日頃から連絡を密にすることの大切さを改めて学びました。

> **POINT!** 誰もが直面する身近な事例が最適です。苦労した点や工夫した点などを交えれば、回答に幅が出ます。

前任者に助言を求めたり、上司・同僚に相談したりするなど、応援を求めることはしなかったのですか？

> **POINT!** 自分一人で成功に導いたと自慢するのはNGです。上司・同僚の協力の下でできた点を忘れずに付け加えましょう。

　前任者は多忙でなかなか連絡がとれませんでしたが、上司には率直に現状を説明し指示を仰ぎました。また、同僚にも相談し、これまでのいきさつなどの情報を得ました。ただ、自分が担当である以上、他の職員を巻き込むわけにはいきませんので、アドバイスを受けた後は自分で積極的に動きました。途中で上司に経過報告を入れることも忘れませんでした。

第3章 しっかりおさえたい！ 仕事・施策に関する頻出の問答例

仕事 | 課長・係長

Q5 仕事で失敗した経験は？その原因は何か？

ココが要点!

- 最重要ポイントは「失敗から何を学んだか」ということ
- 自分自身の反省に加え、組織としての対応を述べてもよい

失敗の原因は複合的

- 思い込み
- 連絡不足
- 説明不十分
- 無理なスケジュール
- ギクシャクした人間関係

失敗から学んだことは何か？

　業務上の失敗には必ず理由があります。思い込み、情報伝達の不備、関係者への説明不足、無理なスケジュール、人間関係のもつれなどです。しかも原因は一つとは限りません。複数の要因が重なって発生するのが失敗の実態です。そして、そこから何を学んだのかが最も重要であり、自分なりに何を体得したのかを回答する必要があります。

合格する回答例!

 仕事で失敗した経験はありますか? 原因は何だと思いますか?

 小さな失敗は数多くありますが、一番大きな失敗として今でもはっきり覚えているのは、仕事の出し手と受け手の双方が連絡ミスによって「言った・聞いてない」のトラブルになってしまったことです。出し手である自分では相手に正確に伝えたつもりでしたが、受け手にはその記憶が全くなく、仕事にぽっかり穴が開き、締め切りに間に合わず、多くの関係者に迷惑をかけてしまいました。これが最大の失敗体験です。

 実際の回答では、より具体的に事例の内容を語ってもよいでしょう。面接官にも同じような経験があるはずです。

 失敗を繰り返さないために、何か改善策を講じましたか? 係内で検討はしたのですか?

 失敗の中に改善点のヒントが隠されています。自分一人の誤ちというより、組織としてどう対応したかを答えましょう。

 上司から厳しく反省を促されたのは当然ですが、事後に関係者全員が集まって、失敗の原因について話しあう機会を設けました。誰が悪かったという責任の押し付け合いではなく、今後、連絡ミスをなくすために、情報の出し手と受け手双方でダブルチェックするルールを新たに設けました。それ以降は同じ失敗は起きていません。

【別の回答例】「上司からの指示で、業務のフローチャートを見直しました。自分一人ではなく、その業務にかかわる職員全員で洗い出しを行い、無駄を省きつつ、連絡の齟齬が起きないようにチェック表を作成するなど、改善策を講じました。」

第3章　しっかりおさえたい！　仕事・施策に関する頻出の問答例

[仕事] **課長・係長**

Q6 やってみたい仕事は？
その理由と課題は何か？

> **ココが要点!**
> ● 職歴経験から、専門性を深めたいなどの方向性を見せる
> ● 未経験分野を希望するなら、事前にしっかり情報収集を

職歴の延長線上で
さらに専門性や知見を広めたい

未経験の分野で
様々な仕事にチャレンジしたい

事前に情報や知識を得ておくと◎

　現実路線で回答する場合は、これまでの職歴に沿った仕事のうち経験していない業務を提示するのが妥当です。一方で、自分が経験していない仕事への関心を示して視野の広さをアピールするという選択肢もあります。その場合、示した仕事の現状や課題について、つっこまれてもボロが出ないように、事前に情報や知識を得ておきましょう。

合格する回答例！

Q やってみたい仕事は何ですか？　その理由と課題は何ですか？

A ●職歴の延長線上で回答する場合
これまでの職歴では○○分野の業務が多く、自分としてもこの分野で専門性を高めていきたいと考えています。○○分野の中でも△△の業務はまだ担当したことがありません。機会があればぜひ取り組んでみたいです。将来的には○○分野に精通した、その道のプロと呼ばれるようになりたいです。

Q 異動によっては○○分野から外れることもあります。その場合、どんな仕事を担当してみたいですか？

A もちろん、○○分野の業務だけにこだわっているわけではありません。たとえば、経験はありませんが□□の業務には魅力を感じます。これからの自治体経営を考えた場合、避けて通れない課題だからです。未知の分野にも積極的にチャレンジしたいと思います。

A ●未経験の分野を回答する場合
自分の可能性を広げるためには、専門分野を固める前にさまざまな業務に携わることが重要です。そうした意味では、未経験ですが自治体の業務全体を俯瞰できる××や△△の業務に強い関心があります。また、◎◎にかかわる仕事は、住民が直面する切実な問題であり、ぜひ取り組んでみたいです。

Q なぜその仕事が重要だと考えますか？　その課題は何ですか？

A 少子高齢化や人口減少が急激に進む中、残念ながら地域を支える土台が弱くなっているのが現状です。自治体の力に加えて住民の力をいかに引き出すかが鍵になると思います。地域に活気をとり戻す仕事に携わりたいです。

第3章 しっかりおさえたい! 仕事・施策に関する頻出の問答例

|仕事| |係長|

Q7 希望しない業務やポストを命じられたら？（係長）

ココが要点!

- 多少きれい事に聞こえてもよい。前向きな姿勢を見せる
- 「気持ちの切り替え」など、メンタル面に触れるのも手

希望しない仕事 ➡ 前向きに捉える

与えられたポスト ➡ ベストを尽くす

自分の可能性を広げるチャンス

　自治体職員にとって頻繁な異動は避けられません。むしろ希望する部署に行けることのほうが少ないでしょう。ましてや係長ともなれば、命じられるままにポストを転々とするのが普通です。そうした状況をふまえて、たとえ意に沿わなくても関心の薄いポストであっても、与えられた業務に前向きに打ち込む意欲を明確にしましょう。

合格する回答例！

希望しない業務やポストを命じられたらどうしますか？

自治体職員である以上、希望しない異動先であっても後ろ向きに捉えることはありません。もちろん、希望が叶えばそれに越したことはありませんが、それ以上に、与えられたポストでベストを尽くすことが大切だと思っています。これまでも希望以外のポストに異動したことがありますが、その時は、未知の分野で見聞を広めたり、新たな人脈づくりに取り組んできました。係長になったらこれまで以上に、希望とは違うポストへの異動の可能性が高まりますが、与えられた場所で全力を尽くす覚悟です。

> **POINT!** たとえきれい事に聞こえてもよいので、どんな仕事を与えられても全力で取り組む姿勢を明確に示すことが重要です。

そうは言っても、経験もなく人脈もない異動先で十分に能力を発揮するのは並大抵のことではありません。大丈夫ですか？

> **POINT!** 念押しの再質問です。最初の回答内容を繰り返しても構いません。怯むことなく強い意志を示すのが定石です。

先ほど申し上げたとおり、希望に添わないポストであっても、不平不満を持つことはありません。むしろ、全く違った仕事に取り組むのは自分の可能性を広げる良い機会だと受けとめて、頑張っていきたいと思います。

> 【別の回答例】「希望しない仕事やポストに就く際に一番重要なのは、気持ちの切り替えだと思います。希望から外れた仕事やポストにどれだけ興味・関心を持てるかです。日頃からどんな状況でも自分の姿勢を前向きに持っていけるように心掛けていますので、自信はあります。」

第3章　しっかりおさえたい！　仕事・施策に関する頻出の問答例

施策　**課長・係長**

Q8 重要だと考える3つの施策は何か？　その理由は？

ココが要点！

- ●基本構想や中長期計画などで政策をチェックしておく
- ●施策の財源なども問われるので、答えを用意する

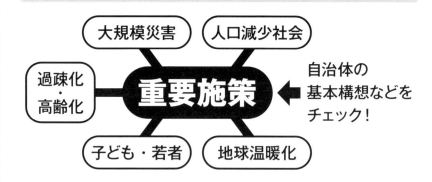

　この質問は、自治体の施策全般に対する理解が大前提となります。自分の専門分野や経験だけにこだわらず、自治体の現況をよく把握しておく必要があります。そのための準備として、自治体の基本構想や中長期計画など政策を総合的にまとめたものに、目を通しておくのがよいでしょう。自治体全体への関心と理解が求められます。

合格する回答例！

重要だと考える3つの施策は何ですか？ 理由とともに挙げてください。

　重要政策を3つ挙げるとすれば、まず第一に大規模災害への備えです。そして第二に高齢者対策、第三に人口減少対策だと思います。

　災害対策については、ここ数年だけでも全国各地で大規模な災害が発生し、その度に初動の遅れや避難所の質の確保など課題が指摘されています。こうした教訓を積極的に取り入れて対策を拡充すべきです。

　また、高齢者対策はこれまでも重点的に取り組んできた施策ですが、これから団塊の世代が後期高齢者になる中で、ひとり暮し高齢者への対応など更なる取組みが必要になります。

　人口減少は地域の持続可能性を損なう課題であり、自治体経営にも大きなマイナスをもたらします。子育て支援策とも連動させながら、自治体独自の手を打つ必要があると思います。

3つの施策をすべて実行しようとすれば、当然、自治体の財源が足りなくなりますが、どうすればよいでしょうか？

　施策と財源論、限りある財源の分配方法が問われます。

　重要施策の実施にあたって、財源の確保は非常に大きな課題です。平素から業務改善に取り組み、不断の行政改革によって財源を捻出することが必要になります。そのうえで、住民にとって何が重要なのかを基準に、施策の優先順位を明確にして予算配分を行っていかなければなりません。いくつかの重要施策を計画的に同時並行で進める必要があると思います。

第3章 しっかりおさえたい！ 仕事・施策に関する頻出の問答例

施策 課長・係長

Q9 人口減少を食い止めるために自治体として何をすべき?

ココが要点!

- 人口減少は避けては通れない課題だと自覚する
- 所属自治体独自の対策を国との関係もふまえて回答する

課題	対策	役割分担
人口減少	☑子育て支援 ☑若者対策 ☑移住促進 ⋮	

喫緊の課題だと自覚する!

　都道府県レベルで人口が減少していないのは東京都だけです。つまり人口減少はほぼすべての自治体にとって喫緊の課題になっています。特効薬はありませんが、知恵を絞って対策を講じる必要があります。その際、国などとの役割分担も考慮して、自治体の特性を活かした取組みを展開するなど、独自の視点を付加して回答しましょう。

合格する回答例!

人口減少を食い止めるために、自治体として何をすべきですか?

人口減少の恐ろしいところは、地域社会が自立できなくなると同時に、さまざまなサービスの担い手が不足し税収も減少することにより、自治体経営が続けられなくなる可能性が出てくることです。そうなれば、負のスパイラルから抜け出せなくなり、自治体そのものが消滅しかねません。それほど重たい課題だと認識しています。

自治体にできることには限界がありますが、子育て支援策では親の負担感をいかに減らせるかが鍵となります。また、移住希望者に選択してもらえるようにサポートを拡充するなど、あらゆる手段を講じる必要があると思います。

 人口減少が地域や自治体に及ぼす悪影響を述べるとともに、自治体の対策をいくつか具体的に提示しましょう。

人口減少対策は、そもそも国の仕事ではないですか?

 役割分担論に基づく意地悪質問です。自治体と国が協力して取り組まなければならない点を強調しましょう。

財源も含めて、人口減少対策における国の役割はとても大きいと思います。しかし、すべてを国に任せていても解決はできません。国の支援のもと、自治体が地域特性を把握してきめ細かいサービスを提供することで、人口減少に一定の歯止めをかけられると考えます。

【別の回答例】「国が財源を確保し、実施は地域の実情を把握している自治体に委ねるというのがあるべき姿だと思います」

第3章 しっかりおさえたい! 仕事・施策に関する頻出の問答例

施策 課長・係長

Q10 地球温暖化対策に自治体としてどう取り組むか?

ココが要点!
- 住宅の断熱性向上やEVの普及など、多方面から検討
- 財源や予算配分は、現実的かつ具体的な回答を

温暖化対策

- ☑ 省エネ・節電
- ☑ 再生可能エネルギー
　　（太陽光パネルの設置など）
- ☑ 住宅の断熱性向上・EV普及
- ☑ 自治体の率先行動

　温暖化対策の切り口は多様です。単に省エネ・節電を住民に促すだけでは物足りません。家庭対策では住宅の断熱性向上やEVの普及、エネルギー転換では地域に適した再生可能エネルギーの開発・活用などが考えられます。自治体が率先して使用エネルギーを100％脱化石燃料に変えるなど、思い切った対策を提示してもよいでしょう。

合格する回答例！

 地球温暖化対策に自治体としてどう取り組みますか？

 　地球温暖化に対しては、これまでも官民あげてさまざまな対策が講じられてきましたが、2030年度までに温室効果ガスを約半減するという国の目標を達成するには、対策の強化が不可欠です。自治体の取組みをさらに前に進めるため、太陽光パネルの設置（地域によっては風力発電建設）や住宅の断熱性向上に対する補助を拡充することなどが考えられます。

　また、自治体が率先してグリーンエネルギーを調達して使用するなど、自ら範を示すことも重要だと思います。

 自治体によっては、CO2排出量の削減目標などを掲げているところもあります。取組み内容をよく確認したうえで、プラスアルファの施策も例示すると回答に幅が出ます。

 補助金の拡充と言いますが、限られた財源との兼ね合いで無制限というわけにはいきません。どうすればよいですか。

POINT! 施策を語る際には、必ず財源や予算配分について質問されることを意識しましょう。

A 補助金の制度創設や拡充にあたっては、まず行政目的を明確にすること、そして、いくつかの条件を付して期限を区切るなど、歯止めを掛けることが必要です。そうした考えの元で、温暖化対策にも取り組むべきだと思います。

【別の回答例】「財源問題は、施策の実施にあたって常に意識すべき課題です。補助金が単なるバラマキにならないように、財源投入による効果をあらかじめ示すとともに、実際の成果についても明らかにし、住民に説明する必要があると思います。」

第3章 しっかりおさえたい！ 仕事・施策に関する頻出の問答例

施策 課長・係長

Q11 行政のIT化・デジタル化にどう取り組むか？

ココが要点！
- IT化の遅れと改善についての分析力が問われている
- 行政の立場としてIT弱者への配慮や、AIの活用にも触れる

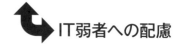

　民間に比べて、行政のIT化は周回遅れの状況です。なぜ遅れているのか、どうすれば住民サービスの向上や行政の効率化につなげられるのか、分析力が問われる質問です。行政手続きの電子化はもちろん、専門人材の確保・育成や高齢者をはじめとするIT弱者への配慮が求められます。さらに、行政全体をIT化するDXの動きや、AIの活用などにも言及して、回答に奥行きを持たせましょう。

合格する回答例！

  行政のIT化・デジタル化にどう取り組みますか？

　自治体のIT化は非常に遅れていると痛感します。単に世の中に取り残されているだけでなく、行政サービスの質を高めるために必要不可欠であるのに、十分に活かされていない点が問題です。原因は、職員の（特に管理職の）理解不足・知識不足にあると思います。専門人材を確保して積極的に取り組めば、行政サービスの利便性を高めることが可能です。各種手続きのオンライン化など、住民の利便性も向上します。

　また、今後の人口減少社会を考えると、より少ない職員で自治体運営を担う必要も出てきますが、AIの活用も含め、自治体のDXを進めることで、意思決定の迅速化や業務の効率化が可能になります。IT化はそうした側面からも喫緊の課題であると考えます。

> **POINT!** もしも行政のIT化が進んでいれば、どんなメリットがあるのかを明確に示す必要があります。

  高齢化が進んでいる今、IT化に取り残される住民がたくさんいると思いますが、それでもIT化を進めるのですか。

　行政のIT化を進めるには、高齢者などのいわゆるIT弱者への配慮が不可欠です。きめ細かな説明や案内に努めて、メリットを実感していただく必要があると思います。

AIの活用と言いますが、いまだ不確実な新技術を行政に持ち込むのは時期尚早ではないですか。

　新しい技術の導入には心理的な抵抗感もありますが、定型的な業務などへの応用はデメリットよりメリットのほうが大きいと思います。先行する自治体の事例も参考にしながら、一つの道具として活用すべきです。

第3章 しっかりおさえたい！ 仕事・施策に関する頻出の問答例

施策 課長・係長

Q12 大規模災害に対してどう備えるべきか？

ココが要点!

- ハザードマップの周知や避難所の課題を指摘する
- 災害対策の重要性と困難性を指摘し、具体的な対策を例示

大規模災害対策
＝
住民の生命と
財産を守る

- ☑ 建物の耐震化
- ☑ ハザードマップの普及
- ☑ 避難経路の確保
- ☑ 迅速な避難所設置
- ☑ 関係団体との連携
- ☑ 職員の教育 …

　自治体の使命の第一は、住民の生命と財産を守り福祉を向上させることにあります。そうした意味からも、災害対策の優先順位は非常に高いといえます。昨今の大規模災害の事例をよく研究し、新しい知見を持って対策の充実に取り組む姿勢を示しましょう。自治体職員にとって、防災対策は必須科目といえます。

合格する回答例！

 大規模災害に対しては、どう備えるべきですか？

　ここ数年だけでも、全国各地で大規模災害が発生して、その度に新たな問題点が明らかになっています。2024年1月の能登半島地震では、避難所や仮設住宅、集団避難のあり方などで課題が指摘されました。こうした状況を十分に踏まえて、災害対策をバージョンアップしていくべきです。

　事前の供えとして、ハザードマップの周知や避難経路の確認、避難所の拡充が必要です。発災後の対応では、いちはやく避難所を設営・運営ができる人材の育成が重要だと思います。

 直近の災害事例を研究し、知見を蓄えておくことが重要です。回答に具体性が加わり説得力が増します。

 人材育成とは、防災の専門家を増やすという意味ですか？ 防災を担当する部署に任せればよいのではないですか？

 防災対策が、すべての職員に直結するものであることを強調し、自治体一丸で対策に取り組むべきと回答しましょう。

　いざ災害が起これば、自治体総動員で対応せざるを得ません。特に、避難所の運営はすべての職員にとって必要不可欠な業務になります。特定の部署だけでなく、職員一人ひとりが防災意識を高め、防災訓練や研修への参加を通してノウハウの習得にも努めなければならないと思います。

【別の回答例】「より多くの職員が災害対応の経験を積み、緊急事態の備える必要があります。他地域への災害派遣などを積極的に行い、人材育成にもつなげることが重要です。」

第3章 しっかりおさえたい！ 仕事・施策に関する頻出の問答例

施策 課長・係長

Q13 10年後の自治体や地域の将来像をどう考えるか？

ココが要点!

- 自治体の公式見解に、自分なりのアレンジを加える
- 必ず課題にも言及し、理想論にならないように注意

10年後？
- 子育てしやすい町
- 機能が集約されたコンパクトな町
- 誰もが生き生きと暮らす町
- 多くの人が訪れる活気ある町

基本構想や長期ビジョンで公式見解をチェック！

　各自治体には、基本構想や長期ビジョンといった公式の将来像・地域像が準備されていますので、事前に目を通して学習しましょう。そのうえで、自分なりにアレンジを加えて、あるべき将来像を語ります。ただし、達成するには多くの課題がある点に必ず言及する必要があります。でなければ、ただの「絵に描いた餅」になってしまいます。

合格する回答例！

Q 10年後の自治体や地域の将来像をどう考えていますか？

A ●「だれもが生き生きと暮らせる町」と回答する場合

　人口減少や気候変動の状況を考慮すると、なかなか明るい未来を描きづらいのですが、やはり住民に希望を持っていただけるような将来像を自治体として示す必要があると思います。少子高齢化を前提としても、誰もが住み慣れた地域で生き生きと暮らせる町を継続していくことが第一です。

　そのためには、公共サービスの質を保てるように、ITも活用して地域の資源を最大限に活用する必要があります。

Q 人口が今以上に減少すれば、地域そのものを支えられなくなってしまうのではないですか？

A 難しい課題ですが、住民も巻き込んで地域の将来像を描き、できることから実行すべきです。それに合わせて、自治体も持続可能な形に変えていかなければならないと思います。

A ●「機能が集約されたコンパクトな町」と回答する場合

10年後を考えると、さらに人口減少が進行している状況は不可避です。それでも、地域の持つ機能を維持して住民が安心して暮らすには、自治体をはじめとする公的な機能をある程度集中させる必要があると思います。この10年の間に、中心部への機能集約など、コンパクトな町づくりを進めなければならないと考えています。

Q 過疎地域がますます寂れてしまわないですか？

A 機能を集約すると同時に、地域間をつなぐネットワークを整備することが重要です。中心部だけでなく、全体として機能的で活気のある町を目指すことができると思います。

COLUMN 3

「中身」を「態度」で示す練習

　自治体職員のなかには、自己表現が苦手な人も少なくないように感じます。端的に言えば、せっかく素晴らしいことをやっているのに、それが十分に外に伝わらない。伝えようとしない。これは、上司へのアピールにも、住民に対する説明や広報にも当てはまります。
　言い換えれば、客観的に見れば「100」の仕事をやっていても、アピールはせいぜい「70」止まり。これでは70の評価しかもらえません。謙虚、控えめといってしまえばそれまでですが、実にもったいない。

　面接も全く同じです。せっかく良いものを持っているのに、面接官へのアピールが十分できずに失敗するケースが少なくありません。中味は態度で示してこそ、相手に伝わるものなのです。
　謙虚な自治体職員であれば、100のことを2割増しの120として表現するぐらいでちょうど良いのです。水増しに罪悪感を覚える必要はありません。120で伝えて初めて100だと理解してもらえます。

　面接での水増し作戦は、一朝一夕には実行できません。日常業務の中で、練習を積む必要があります。上司への資料説明や打ち合わせ、プレゼンテーションの機会などを活用して、2割増しの感覚を養ってください。その際、上司や参加者の反応を観察することで、水増しの効果がどれだけあったかをある程度把握することも可能です。
　ただし、さじ加減を忘れないように。100のものを150や200に見せようとすれば、最後には過度の水増しがバレますので、注意してください。

第4章

これでバッチリ！組織人としての適性についての問答例

第4章 これでバッチリ！ 組織人としての適性についての問答例

役割 係長

Q1 組織の中ではリーダータイプ？調整型タイプ？（係長）

ココが要点!

- 組織の中で、どんな役割か客観的に確認する
- 「リーダータイプ？」「調整型タイプ？」または「円滑油的存在？」

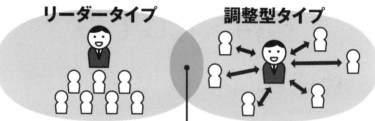

両立する存在を目指すのも◎

「組織の中での役割」を意識して回答する

「リーダーシップ発揮型」か、「ナンバー２調整型」か、あるいは「円滑油的役回り型」なのかを問う質問です。誰もがリーダーシップ発揮型であるとは限りません。一般的に、調整役として組織運営にかかわり全体をうまくコントロールしてきたことをアピールするのが妥当な回答でしょう。調整役は係長の役割にも通じるところがあります。

合格する回答例!

 組織の中での役割は、リーダータイプですか？ 調整型タイプですか？

 常に組織の一員としての自覚を持って業務に当たり、一職員であっても、どうすれば組織全体が機能するかを考えてきました。経験上、調整役として動くことが多いので、調整役が合っていると感じています。しかし、単に命じられたことを過不足なく調整するだけでは不十分です。一歩先を読む「積極型の調整役」が重要で、係長になったらそうした役割を果たしていきたいと思います。

> 受け身の調整役ではなく、積極的に立ち回る調整役の重要性を強調しましょう。

 調整役だけでは組織は回りません。係長はリーダーシップを発揮する必要がありますが、あなたはリーダー的な立場には向いていないということですか？

> 調整役と答えれば、リーダーの素質はないのかと、必ず切り返されます。調整役とリーダーの中間的存在を目指すと回答するのも一案です。

 個人の向き不向きとは別に、リーダーシップを求められれば、発揮する自信はあります。将来的には管理職の立場でリーダーとして能力を発揮したいと考えていますが、まずは係長の立場で調整役としての経験を積み、調整力とリーダーシップを兼ね備えた人材になることを目標に頑張りたいと考えています。

> 【別の回答例】「調整役に必要な要素の中に、目立たないですがリーダーシップも含まれていると思います。その意味で、リーダーに向いていないとは考えていません。今後は調整力も兼ね備えたリーダーを目指していきたいです。」

第4章　これでバッチリ！　組織人としての適性についての問答例

役割 **課長**

Q2 組織の中ではリーダータイプ？調整型タイプ？（課長）

ココが要点！
- 調整型タイプのリーダーなど中間的な存在であると答えてもよい
- 該当タイプの弱点の自覚と改善策を示すことも大事

オリジナリティのある回答で差別化を図る

　二者択一の質問とはいえ、胸を張って「自分はリーダータイプです」と主張するのは多くの受験者にとって気が引けることでしょう。実際、大抵の受験者は自らを調整型タイプと認識していると思われます。問題は回答の中でどう差別化を図るかです。調整型のリーダー（リーダーと調整役の中間的存在）を目指したいと回答するやり方もあります。

合格する回答例!

あなたはリーダータイプですか? 調整型タイプですか?

●「調整型タイプ」と回答する場合

どちらかと言えば、調整型タイプだと思います。みんなをぐいぐい引っ張っていくというより、全体を見渡してバランスをとりながらより良い方向に持っていくやり方が自分には合っています。今の職場でもそうしています。だからといって周りに合わせるだけはありません。主張すべき点は主張し、落としどころを見出していくように調整しています。

> **POINT!** 調整型タイプのマイナスの面(付和雷同な態度や自己主張が弱いなど)を自覚していることを明確にしましょう。

課長になれば調整だけでは済まないことも多くなりますが、リーダーシップを発揮できなくても大丈夫ですか?

リーダーにもいくつかのタイプがあると思います。「俺についてこい」といったタイプばかりではなく、一歩下がって調整役を演じながら結局は係をあるべき方向に導く「調整型のリーダー」というタイプもあります。調整型タイプの自分としては、こうしたリーダーのあり方を目指していきたいです。

●「リーダータイプ」と回答する場合

リーダータイプだと思います。打ち合わせなどで議論が堂々巡りした時など、自分から「こうしましょう」と主張してみんなを引っ張ることがよくあります。もちろん、独断専行にならないように注意し、全体の状況を見渡すように気をつけています。

> **POINT!** リーダータイプと回答する場合、あまり強調しすぎると逆に調整が苦手なのではないかと勘ぐられますので要注意です。

第4章 これでバッチリ！ 組織人としての適性についての問答例

[人間関係] [課長・係長]

Q3 人間関係を円滑にするために取り組んでいることは？

ココが要点！

- 基本は「あいさつ」「声がけ」「雑談」
- さまざまなタイプの職員への対応をふまえて話す

円滑な人間関係

あいさつ　情報共有
声がけ　相談　雑談
— 日々の取組み —

　職場のほとんどの問題は、煎じ詰めれば人間関係に起因しています。職場でのギクシャクした人間関係は、少なからず業務に悪影響を及ぼすものです。こうした点を前提に、良好なコミュニケーションを維持するために、日常的に心がけていることや実行していることを、エピソードを交えながら具体的かつ簡潔に回答しましょう。

合格する回答例!

職場の人間関係を円滑にするために取り組んでいることは何ですか?

職員一人ひとりが100%の能力を発揮するには、職場の人間関係が良好に保たれていることが必須条件だと思います。そのために日々取り組んでいるのは、とても基本的なことではありますが、あいさつ、声がけ、雑談などです。職場での円滑油的な役割を担っていると自認しています。また、業務分担の枠を超えて、自分から率先して気軽に相談したり相談されたりできる雰囲気づくりに努めています。

> **POINT!** 特別なことを回答する必要はありません。あいさつなどの基本事項にプラスアルファの部分を加えて特色を出しましょう。

若い職員やベテラン職員の中には、つながりの強い人間関係をあまり好まない職員もいると思いますが、そうした職員に対してはどのように対応しますか。

> **POINT!** さまざまなタイプの職員の存在を前提に、柔軟な対応によって全体の人間関係を良い方向に持っていく姿勢を示しましょう。

おっしゃるとおり、職場にはさまざまなタイプの職員がいますので、単に「仲良くしましょう」ではうまくいかないことはよく理解しています。特に、煩雑な人間関係を好まない職員に対しては、時間をかけてゆっくりとコミュニケーションを深めていくようにしています。その人が孤立しないように気を配ることが重要です。たとえば、情報共有の枠から外れないように適度に声がけなどを行っています。個々人の特性に合った接し方を見つけることが重要だと思います。

第4章 これでバッチリ！ 組織人としての適性についての問答例

人間関係 係長

Q4 チームワークとは？ 築くためには何が必要か？（係長）

ココが要点！

- 「職員間の目標の共有」がキーワード
- チームでの係長の役割を言語化して意欲を示す

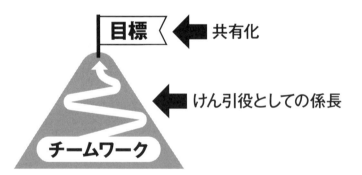

　仕事は一人ではできません。職員相互の連携と協力、すなわちチームワークが不可欠です。何か一つの目標に向かって一体となって取り組むこと、それぞれの長所を活かし短所を補いながら全体として何かを成し遂げること、こうした要素の必要性について回答しましょう。けん引役としての係長の重要性について触れるのもよいでしょう。

合格する回答例！

 チームワークとは何ですか？ 築くためには何が必要ですか？

 チームワークとは「目標の共有化」だと考えます。業務そのものは細分化されて担当ごとに異なる仕事を任されていますが、係全体で見れば一つの大きな仕事を形づくっています。職員が、自分の分担が係全体の仕事につながっていることを意識できるかがポイントだと思います。チームワークを築くには、職員個々の目標とともに係の目標を職員間でどれだけ共有できるかが重要になります。

 職員個々の業務が、係全体の目標に直結していることを自覚することでチームワークが生まれる点を強調しましょう。

 職員にとっては目の前の担当業務で手一杯だと思いますが、どうすれば「目標の共有化」を実現できますか？

 組織を引っ張っていく役割の存在（＝係長）が鍵を握っていることを明確にする必要があります。

 係内で目標を共有して一体感を醸成するには、けん引役となる職員が必要です。それがまさに係長の大きな役目だと思います。職員に対して細かい指示を出すにとどまらず、全体の目標に向かってどこまで進んでいるのかを明らかにしたり、目標達成に何が必要かを示すことが重要になると考えます。

【別の回答例】「目標の共有化には係長の存在が大きくかかわっていると思います。第一にすべきは、目標の設定にあたって職員の納得感を得ることです。また、係の力量より少し高めの目標を定めて、職員全体のやる気を引き出すことも重要です。」

第4章 これでバッチリ！ 組織人としての適性についての問答例

人間関係 課長・係長

Q5 上司や同僚とどう信頼関係を築いてきたか?

ココが要点!

- 特に異動時の関係性構築に触れる
- 「風通しの良さ」「壁を感じさせない」がキーワード

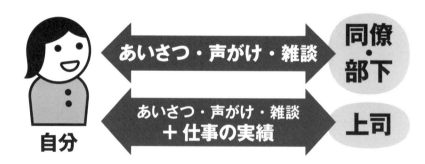

　信頼関係をゼロベースでつくる必要が生じるのは、自身が新しい職場に異動したときと、新しい職員が職場に異動してきたときの2パターンです。また、属性としては、上司との関係、同僚・部下との関係の2方向が軸となります。信頼関係を構築する基本は、日常的な場面での風通しの良い、壁を感じさせない人間関係に集約されます。

合格する回答例!

 上司や同僚とどう信頼関係を築いてきましたか?

　仕事はチームワークが第一というのがモットーです。どんな職場でも分け隔てのない人間関係を築けるように努力しています。信頼を得るための第一歩は、出勤時と退庁時のあいさつです。あいさつを返してくれない職員もいますが、聞こえているだけで十分だと割り切って率先して行っています。また、異動で新しい職員が配属された際には、意識的に声がけや雑談をするようにしています。異動時の心細さは身にしみて理解できるので、早くなじめるように気を配っています。

　上司との関係は距離感が難しいところです。イエスマンになることと、信頼しあう関係を築くことは別です。日常的にコミュニケーションをとるとともに、与えられた仕事を的確にこなすことで、上司の信頼を得るのが本筋だと考えます。

> **POINT!** 常日頃から、職員とコミュニケーションをいかに積極的にとっているかをアピールしましょう。

 職員の中には、つながりの強い人間関係を嫌うタイプもいると思いますが、そんなときはどうしますか?

> **POINT!** 職員のタイプによって接し方を変えるなど、信頼獲得のための工夫をしている点を回答しましょう。

　ベテラン職員や新任職員の場合、接し方に悩むこともあります。その人なりのコミュニケーションのとり方が必ずあるはずなので、何気ない雑談などからきっかけをつかみ、急がず時間をかけて人間関係のベースをつくることから始めます。人間、どこかで他人とつながりたいと感じているものです。その基本を忘れないように心がけています。

第4章 これでバッチリ！ 組織人としての適性についての問答例

人間関係 係長

Q6 苦手な職員のタイプは？どう対応するか？（係長）

ココが要点!

- 誰もが共通して苦手意識を持つタイプを明示する
- 係長の指導的な立場から何ができるか言及する

苦手な職員 ⟷ ✕ 拒否・無視
苦手な職員 ⟷ 〇 時間をかけて関係をつくる
⟵ 係長として指導にも言及

　職員は十人十色、すべての職員と良好な関係を結べるとは限りません。むしろ苦手なタイプがいるのが普通です。攻撃的な態度の人、文句しか言わない人、責任を他人に押しつける人など、つい避けたくなります。しかし問題は、そうした職員との関係をより良い方向に持っていくために何を実践しているかであり、回答の肝もそこにあります。

合格する回答例！

 苦手な職員のタイプはどんな人ですか？　どう対応しますか？

 たいていの職員とはうまく付き合っていく自信はありますが、強いて言えば、文句は言うが自分からは動こうとしないタイプの職員は苦手です。打ち合わせの場などで、否定的な発言や議論を混ぜ返すなど建設的ではなく、日常的にも係内の雰囲気を悪くして、仕事の流れに悪影響を及ぼしかねません。誰もが苦手なタイプだと思います。

> **POINT!** その職員が業務や組織に及ぼす悪影響についても言及しましょう。

 そうした職員はどこにでもいると思いますが、どのように対応してきましたか？　また、係長の立場ではどうしますか？

> **POINT!** 質問の要点は、これまでの取組みと同時に、係長としての対応姿勢にあります。係長の指導的な立場に言及しましょう。

　人は一朝一夕には変われないものですが、これまでも苦手な職員に対しては、時間を掛けて少しずつ関係改善を図ってきました。目に見えて良くなることは少ないですが、無視するだけでは問題の解決にはならないと思います。

　係長の立場では、なおさら放置はできません。自ら積極的に働きかけて解決の糸口を見出すべきです。ある程度責任ある仕事を与えてみて、係長をはじめ全員がフォローし、成功体験を学ばせるようなやり方もあると思います。

> 【別の回答例】「誰もが苦手と感じる職員は、本人自身が係の中で浮いている存在であることを自覚している場合があります。そうした気持ちをくみとることも大切だと思います。」

第4章　これでバッチリ！　組織人としての適性についての問答例

[生活] [課長・係長]

Q7 ワーク・ライフ・バランスをどう保っているか？

ココが要点！

- ●「ノー残業デー」の実施など、係での実践例を示す
- ●家族の理解や配慮なども聞かれるので、準備しておく

```
     業務の効率化              私生活の充実
  メリハリのある働き方           家族への配慮
       仕事                    生活
```

ワークライフバランス
➡ 課・係全体の取組みにも触れる

　仕事と家庭生活の両立は、今や自治体職員にとって必須条件です。したがって、単に「仕事と私生活のバランスはとれています」と答えるだけでは不十分です。バランスを保つには、職場の状況や家庭の事情など多種多様な課題を日々クリアする必要があります。具体的に、何に気をつけてどう取り組んでいるかを自らの経験をふまえて回答しましょう。

合格する回答例！

 ワーク・ライフ・バランスをどう保っていますか？

　今の職場ではワーク・ライフ・バランスが適度にとれていると感じています。仕事はできる限り時間内に終わらせ、残業は必要最小限に抑えています。平日の夜は家族と過ごす時間を大切にして、休日は趣味の○○に打ち込んでいます。

　こうした生活が送れるのは、職場の協力態勢が整っているからだと思います。課長・係長を中心に、業務量が偏らないように仕事の分担をうまく調整しています。繁忙期にはどうしても残業が続くこともありますが、ノー残業デーを設けるなど、全員が工夫しあって負担感の軽減に努めています。

> **POINT!** 自分一人の取組みには限界があります。職員同士で補いながらバランスの保持に努めている姿をアピールしましょう。

 理想的な職場のようですが、自分自身で心掛けていることや家庭での理解を得るために行っていることはありますか？

> **POINT!** 日常的に気をつけている点や、家族への配慮などについて回答しましょう。

　常に時間感覚を大切にして仕事にメリハリをつけるように心掛けています。1日を通してみると、待ち時間や仕事の進み具合が遅いことも少なからずあるものです。時間内に高いパフォーマンスを示せるように集中することが、結果としてワーク・ライフ・バランスにつながっていくと考えます。

> 【別の回答例】「仕事の一方で、家庭では家族にとってのワーク・ライフ・バランスにも配慮する必要があります。家族の負担も考えて家庭全体で良い方向に持っていきたいです。」

第4章 これでバッチリ！ 組織人としての適性についての問答例

生活 **係長**

Q8 土日出勤や残業のある部署での勤務は大丈夫か？（係長）

ココが要点!

- ●残業が多い部署の存在、課題の認識をチェックされている
- ●状況の改善とセットにして回答する

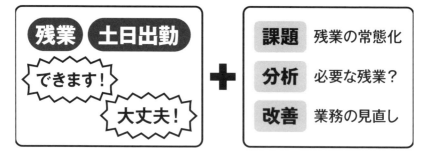

　受験者に踏み絵を踏ませるような質問ですが、面接官は単純に「係長として残業を厭わない覚悟」だけを求めているのではありません。タフな職場でやっていく覚悟とともに、大所高所から組織の体質として残業が当たり前になっている部署が存在するなどの課題をしっかり認識していることを織り交ぜて回答する必要があります。

合格する回答例!

 土日出勤や残業のある部署での勤務は大丈夫ですか？

 これまで残業の多い職場もいくつか経験しました。家族に負担を掛けることにはなりますが、残業も土日出勤もこなす自信はあります。ただ、やむを得ない残業なのか、なんとなく惰性で残業をしているのかでは、忙しさの意味合いが全く違うと思います。単に激務に耐えられるタフさを備えているということではなく、一職員としても係長の立場でも、厳しい職場状況を改善する視点が求められると思います。

> **POINT!** 個人的な意思表明と同時に、忙しさの本質を捉えるような見解や問題提起を加えて回答しましょう。

 では、残業の多い部署の係長になった場合、職員とどのように向き合い、どう対応しますか？ 残業を減らせますか？

> **POINT!** 残業のあり方を係長の視点でどう捉え、具体的にどう対応するかを自分の意見として表明する必要があります。

 係長は自分も含めて職員に残業を強いる立場に置かれます。ただ「頑張ろう」では職員はついてきません。仕事の目的や段取り、締め切りの設定などを丁寧に説明して納得してもらう必要があると思います。それと同時に、業務を見直し無駄を省く取組みに着手して、中期的なスパンで残業を減らす方向に持っていくことが求められると思います。

> 【別の回答例】「残業の多い職場には必ず構造的な問題があるはずです。当面は職員のモチベーションを維持しつつ、人員配置や業務改善を実施して、働きやすい職場づくりに取り組みたいと思います。」

第4章 これでバッチリ！ 組織人としての適性についての問答例

[生活] **課長・係長**

Q9 昇任して私的な時間がとりづらくなったら？

ココが要点！

- 私生活優先の考えを強調し過ぎない
- 公私のバランスを保つことの重要性についてアピール

✕ 滅私奉公　　**○ 公私のバランス**

仕事｜生活　　　　仕事｜生活

チーム全体で負担を分散させる姿勢を見せる

　仕事のために私生活を犠牲にするやり方は、もう過去のものです。しかし、面接官の世代が若い頃には、「滅私奉公」が当たり前だったことを考えると、私生活優先の考えを主張し過ぎるのは得策ではありません。私的な時間が削られる中でも、仕事と生活のバランスを崩さないように工夫して公私ともに充実させる姿勢を示しましょう。

合格する回答例！

 昇任して私的な時間がとりづらくなったらどうしますか？

　昇任後は、これまで以上に多忙になり、仕事に打ち込む時間も増えると考えられます。ですから、私的な時間が少なくなるのはやむを得ません。仮に私的な時間が今より少なくなっても、受け入れる覚悟はできています。

　ただ、仕事か私生活という二者択一の働き方はもう通用しなくなっていると思います。仕事に打ち込む時期もあれば私生活重視の時期もあります。忙しい状況にあっても、週に最低でも1日は残業しないとルール化し、課（係）内に周知するなど、自分なりに工夫して仕事と生活のバランスを崩さないように努力したいと思います。

 昇任によって私的な時間が少なくなってもやっていく覚悟を示したうえで、公私のバランスが必要な点を強調しましょう。

 部下が私生活を重視するあまり、繁忙期でも残業をしないなど仕事に支障が出る場合、どのように対応しますか。

　個人のバランスと同時に、組織としてもうまくバランスをとる必要があります。そうでなければ業務の過重が偏ってしまいます。私生活重視の職員に対しては、チーム全体で業務の負担を分かちあう必要性を説明し、一定程度の残業を受け入れるように説得します。

 では逆に、仕事一筋で部下に残業を強要するような上司の下で働くことになった場合は、どうしますか？

　なかなか難しいケースですが、職員の総意として仕事と私生活のバランスがとれるように上司に伝えることは重要だと思います。すぐに改善されなくても、仕事のやり方を見直すなど、時間をかけて取り組みたいと思います。

COLUMN 4　組織人としての回答ができていますか?

　自治体職員である以上、組織人としての高い素質が求められます。面接の場でも然り。面接官はどんな質問のときも、個人の資質を確認すると同時に、組織人としての立ち居振る舞いをチェックしています。

　ですから、受験者は回答の際、組織の中でどう身を処すべきかという視点を外してはいけません。言い換えれば、組織と個人の間合いの取り方、距離感をどう取るかです。優柔不断で組織にベッタリ、個人の考えや判断がゼロというのではお話になりません。かと言って、組織に楯突いて自説を主張してばかりで反抗的な態度をひけらかすのも困りものです。

　前者のタイプに近いと感じる受験者に対しては、8割は組織の方針に沿った態度を示しつつ、残りの2割は意識的に客観的で批判的な視点を加味して回答することをお勧めします。たとえば、組織の方針や上司の指示に対して、総体としては従うものの、こんな課題もあるとしっかり指摘する方法です。

　後者のタイプはまれかも知れませんが、実際にこうした受験者に遭遇したことがあります。頭は切れる、仕事も正確で迅速、ただし上司に対していつも批判的という受験者が、いつもの調子で面接に臨んでも合格の可能性は低いと言わざるを得ません。そんな受験者には、少なくとも面接の間は自己主張を30％に抑えて、集団行動の中で能力を発揮できることを面接官に示してほしいと思います。

　両極端のタイプではないにせよ、要は、自分の考えをきちんと持った上で、組織の方向性に従って行動することです。そして時に修正を加える形で批判的な考えを堂々と主張することが、組織人としてのあるべき姿だといえるでしょう。

第5章

周りと差がつく！
具体的事例の問答例

第5章　周りと差がつく！　具体的事例の問答例

職場　課長・係長

Q1 上司からのセクハラに悩んでいると相談されたら？

ココが要点！

- 事実確認、相談窓口への訴え、上司への働きかけなど
- 加害者が上司であれ、忖度せずに責任を問う姿勢を

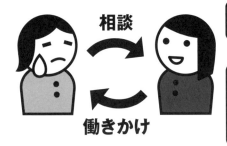

寄り添い
＋
- 事実の確認
- 相談窓口への訴え
- 上司への働きかけ

　この質問は、セクシュアルハラスメントに関して、当事者が自分ではなく、第三者である点が回答のポイントにもなります。事実の確認、相談窓口への訴え、上司などへの働きかけなど、いくつかのステップが考えられます。被害者である同僚の立場に立って助言する必要があると同時に、加害者が上司ということに、ある程度配慮することも求められます。

合格する回答例！

 上司からのセクシュアルハラスメントに悩んでいると、同僚から相談されたらどうしますか？

　実際にそうした相談を受けた経験はありませんが、もし相談されたら、まず親身になって状況を聞くことから始めるべきだと思います。誰にも打ち明けられず悩んできた本人の心情を受けとめる必要があるからです。次に必要なのは事実の確認です。いつ、どこで、どういう状況だったのか、本人にとっては思い出すのはつらい作業かもしれませんが、証拠を確保しなければなりません。

　また、話の状況や内容によっては第三者機関などの相談窓口に訴えることも勧めてみます。とにかく、本人だけの胸にしまい込まず、一刻も早くつらい状況から抜け出せるように手助けをしたいと思います。

> **POINT!** 相談者の心に寄り添う姿勢を示したうえで、具体的な行動の手順などアドバイスの中身をわかりやすく回答しましょう。

 加害者が上司ということであれば、影響は個人にとどまらず組織全体に及ぶ可能性があります。どう対応しますか？

> **POINT!** セクシュアルハラスメントに限らず、上司の立場が優先される傾向がありますが、質すべきは質すという姿勢を貫くことが重要です。

　正確な事実確認が前提となりますが、加害者が誰であれ、責任の所在は明確にすべきだと思います。特にセクシュアルハラスメント問題は、ともすれば組織内で有耶無耶にされないとも限りません。むしろ、上司と部下の関係を悪用したのであれば、公表するかどうかは別にして、加害者の責任を明確にする必要があります。また、組織として、ハラスメント防止に向け、研修や相談窓口の拡充に取り組むべきだと思います。

第5章　周りと差がつく！　具体的事例の問答例

職場　課長・係長

Q2 上司からパワハラを受けていると相談されたら？

ココが要点！

- 自らが見聞きした経験を交えるとリアリティが増す
- 相談者に寄り添いつつ、組織的な対応も検討する

　パワーハラスメントは誰もが被害者にも加害者にもなりえます。その多くは、する側にハラスメントの認識がないため、同じような行為を繰り返すという特徴があります。被害者にとっては、心身にダメージを受けるなど大きな傷を残します。課長・係長として看過できません。毅然とした態度で対処することを示しましょう。

合格する回答例！

 上司からのパワーハラスメントを受けていると、同僚から相談されたらどうしますか？

　自分も上司から叱責を受けて心が折れそうになった経験があります。上司による指導とハラスメントの境目は微妙な部分もありますが、被害者本人の気持ちを第一に考えなければなりません。もし相談を受けたら、自分の経験もふまえて対処方法をアドバイスしたいと思います。

　具体的には、パワーハラスメントの事実を裏付ける証拠を固めることです。できれば、客観的に証言してもらえる職員を見つけることも重要です。そのうえで、しかるべき部署やさらに上のポストの幹部に訴え出るように促したいと思います。一人ではなかなか勇気が出ないでしょうから、相談者に寄り添う気持ちを大切にしたいと思っています。

 上司を訴えるには相当の覚悟が必要です。また、組織としても波風が立ちます。穏便に解決する方法はないですか？

 ことを荒立てまいとする暗黙のプレッシャーに対しては、有耶無耶にしない姿勢の重要性を主張しましょう。

　被害者の同僚と加害者の上司が話しあって和解の道を探るという方法もないとは言えませんが、相談者の負った傷の深さを考えると、上司の責任を相談窓口や第三者機関を通じて明らかにする必要があると思います。組織運営上も、パワーハラスメントを放置することによる損害は看過できません。膿を出し切るぐらいの覚悟が求められると思います。また、こうした機会に、パワーハラスメント防止の研修などを拡充する取組みも必要になってくるでしょう。

第5章　周りと差がつく！　具体的事例の問答例

| 職場 | 課長・係長 |

Q3 コミュニケーションがとれない新人職員にどう対応する？

ココが要点!

- 苦労談も交えつつ、働きかけを回答する
- 自らが報連相の見本になる、など実践的な工夫を述べる

コミュニケーション不足

世代間ギャップ

新人

☑ 自然体で
☑ 長い目で
☑ 期待しすぎない
☑ 新人の気持ちに立って

　新人職員の扱いに苦慮している人は多いことでしょう。世代の違いによってコミュニケーションのとり方やツボが異なっているのは仕方のないことです。しかし、理解できないとさじを投げてしまっては、溝はさらに深まります。同じ職場の仲間として、新人職員の立場を考えて少しずつでも胸襟を開いていく態度が求められます。

合格する回答例！

 コミュニケーションがとれない新人職員にどう対応しますか？

 新人職員とうまくコミュニケーションがとれなくて困っているという話はよく耳にします。自分自身も、これまでの常識が通用しないのではないかと、新人職員に対して身構えてしまうことがあります。ただ、裏返せば、新人職員も同じ思いを抱いているかもしれません。変に構えずに、できるだけ自然体で接するように心掛けています。重要なのは、こちらが期待する反応が返ってこなくても失望しないことです。長い目で関係を築いていく必要があると思います。

> **POINT!** 接し方に苦慮していることを述べると同時に、無視や拒絶ではなく、相手の気持ちに立つ姿勢を示しましょう。

 長い目で見ると言っても、日々の業務で意思疎通がうまくできなければ、仕事に支障が出るのではないですか？

> **POINT!** 最低限の意思疎通を行うために、先輩職員として何をすべきか、コミュニケーションの基本に立ち返って回答します。

 おっしゃるとおり、日常業務に支障が出るようでは本末転倒です。情報共有や相互連絡の重要性と必要性を理解してもらえるように、粘り強く働きかけたいと思います。打ち合わせなどの機会に発言を促す、ちょっとした会話でコミュニケーションの糸口を見つけるなどの工夫も有効だと思います。

【別の回答例】「新人職員にとっては苦手なことかもしれませんが、直接、人と人とが対面して口頭でコミュニケーションをとる報連相（報告・連絡・相談）が重要であることを繰り返して伝えます。そのために、自分が報連相の見本を示すように心掛けます。」

第5章 周りと差がつく! 具体的事例の問答例

職場 係長

Q4 係長として働かないベテラン職員にどう対応する?

ココが要点!

- 目上の職員に対して適切な対応ができるのか見られている
- 対応策としては上司からの働きかけや問題意識の共有など

先輩としての敬意

働かない
動かない
非協力的

ベテラン職員

- ☑ 上司からの指導
- ☑ 地道な働きかけ
- ☑ 役割分担の見直し

　ベテラン職員の中には、忙しい職場でも何もしていないように見受けられる職員がいることがあります。目上だけになかなかストレートに改善を切り出すこともはばかられるのが実情です。先輩職員への敬意を払いつつも、上司からの働きかけを促すなど、毅然とした態度で有効な手立てを講じる必要性を強調しましょう。

合格する回答例！

 働かないベテラン職員には、どう対応しますか？

 　残念ながら、ベテラン職員の働きが悪く、係内で足手まといになっているケースを経験したことがあります。その職員は仕事上の慣例や経緯をよく知っていて、他の職員が口出しできない状況でした。私も働きかけましたが、それ以上に上司からの働きかけが有効だと考えて相談しました。上司の指導はあったものの、状況はそれほど改善されませんでした。

　しかし、係内で問題意識を共有できたことは成果だったと思います。また、こうした取組みを契機に、以前より胸襟を開いてくれるようになったと思います。

　基本としてはベテラン職員に対しては人生や仕事の先輩として人間関係を良好に保つように心掛けています。

> **POINT!** 特効薬的な解決策はありません。問題を放置せず課題を提起して実際に動いていることを強調しましょう。

 状況が改善されないのでは、係内に不平不満が溜まってしまい、業務にも悪影響を及ぼすのではないでしょうか？

> **POINT!** 正解のない質問の典型です。ベテラン職員への働きかけを続けるなど、粘り強い姿勢を示しましょう。

 まずは地道にベテラン職員への働きかけを続ける必要がありますが、それでもダメなら、役割分担を大幅に見直すなど、係内の不公平を軽減させることも重要だと思います。

【別の回答例】「さまざまな働きかけにも応じないようであれば、係全体のことを考えて、該当職員の異動も選択肢に入ってくるのではないかと思います。あくまでも最終手段としてです。」

第5章　周りと差がつく！　具体的事例の問答例

|職場|　**係長**

Q5 産休・病欠などの職員がいて、職場が回らなくなったら？（係長）

> **ココが要点!**
>
> ● 現実問題として、欠員による業務の困難さに言及する
> ● 業務分担や、係だけでなく課としての対応も考える
>
>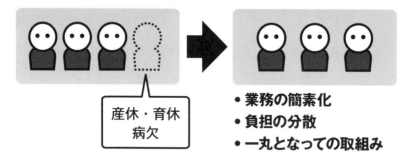
>
> 　年度途中の欠員は、組織にとっても職員にとっても多大な負担を生じさせます。しかし、たいていの場合はすぐに欠員が補充されることはなく、当面は現メンバーで業務を全うするしかありません。業務の簡素化や負担の分散など、さまざまな手段を活用して対応する必要があります。その際、係が一致協力して取り組むことが重要です。

合格する回答例！

 産休・病欠などの職員がいて、職場が回らなくなったらどうしますか？

　現在、どの職場でも必要最低限の人員で業務にあたっているのが実情ですので、一人でも欠員が生じるとすぐに厳しい状況に陥らざるを得ません。そうなると、業務の負担が一気に増えて係内に不満が生じるのは目に見えています。

　一人の欠員が係全体のマイナスになる事態を回避するには、個々の職員の頑張りも求められますが、係長が率先して係全体の業務分担を見直し、軽減できる部分を洗い出すなど、具体的に行動を起こす必要があります。一部の職員に負担が偏らないように配慮するとともに、人員の補充を要求することも重要です。職員も不平を言うだけでなく、一丸となって厳しい局面を乗り切る努力をしなければならないと思います。

> **POINT!** 欠員が係全体に及ぼす影響に触れ、打開策として係長の役割の重要性や職員の心構えについても言及しましょう。

 負担を全員で分散すると言いますが、仕事ができる職員にしわ寄せがいってしまうのではないですか？　どうしますか？

> **POINT!** 一部の職員に負担が偏ることがあります。負担を分散する努力を怠らない姿勢を示しましょう。

　負担の偏りはさらなる欠員を招く可能性があります。そうならないためにも、場合によっては、係を超えて課レベルでの対応も必要になってくると思います。

> 【別の回答例】「一人ひとりが目一杯の状況では、起こり得ると思います。それでも、負担をかぶった職員が追い込まれてしまわないように、係全員で負担を分かちあう努力が必要だと思います。」

第5章 周りと差がつく！ 具体的事例の問答例

職場　係長

Q6 上司と部下で意見が対立した場合、どう対応する？（係長）

ココが要点!

- 問題が起きたときの対応の仕方が問われる
- 係で連絡会を実施するなど調整役としての立ち回りを述べる

調整役としてできることを具体的に回答する！

　仕事を進めるうえで意見の対立やズレは常に起こります。ただ、それが上司と部下の間で生じた場合、問題は複雑になります。双方に挟まれた場合、どちらにつくべきか、あるいはどう調整すべきか、難しい立場に立たされます。上司のメンツを尊重しつつ、係内の不協和音を解消する適切な振る舞いや対応の仕方が求められます。

合格する回答例！

 上司と部下で意見が対立した場合、どのように対応しますか？

 　係内での意見の対立は、仕事を進めるうえで大きな障害になります。特に上司と部下で対立した場合、どう収拾を図るのかは難しい問題です。組織で仕事をしている以上、上司の指示を真っ向から否定しては係内の秩序を維持できません。一方で、上司の考えが常に正しいとは限りません。

　間に挟まれた係長としては、係の連絡会を開き、意見交換することを提案するなど、調整役として動きたいと思います。提案の際には、上司のメンツを潰さないように配慮するとともに、部下に対しては、双方がお互いの立場を理解して譲歩することの重要性を事前に認識してもらいます。

 どちらかの味方につくかではなく、双方が意見をすり合わせる場を設けるなど、解決策を示しましょう。

 意見の対立は、場合によっては表面化せずに部下の内面に押し込められてしまう場合もあります。どのように対応しますか？

 　職員の中に不平不満が積もり積もると、結局は係全体のパフォーマンスが低下します。そうしないためには、オープンで風通しの良い人間関係を日頃からつくることが第一です。

　たとえば、冗談を言いあえる関係性を築いたり、互いに相談しやすい雰囲気をつくることが重要です。

 【別の回答例】「誰もが何でも言いやすい組織風土を意識的につくっていく必要があります。また上司には、部下の意見を受け止めるだけの度量も求められると思います。」

第5章　周りと差がつく！　具体的事例の問答例

職場 | 課長・係長

Q7 残業の多い職場で残業を減らすにはどうするか？

ココが要点!

- ●自らの実体験から、必要のない業務を洗い出しておく
- ●残業減少による関係各所へのメリットを挙げる

無駄な残業
- 不明確な指示
- 過度な業務量
- 二度手間の発生
- 無意味な待機時間

- ☑ 無駄の洗い出し
- ☑ 決定の迅速化・明確化
- ☑ タイム・パフォーマンスの重視
- ☑ 関係各所へメリットがある改善の提案

　残業には、必要な残業と不必要な（無駄な）残業の2種類があります。職員の多くが悩まされているのは後者です。残業が発生する要因は、不明確な指示、過度な業務量、二度手間の発生、無意味な待機時間などです。いずれも課・係全体で取り組まなければ解消できない点を強調し、無理・無駄な業務をなくす具体的な方策を示しましょう。

合格する回答例！

  残業の多い職場で残業を減らすにはどうしたらよいですか？

 　これまでの経験から思うのは、しなくてもよい残業が少なくなかったということです。指示が曖昧で資料作成のやり直しに手間どったり、待機時間が意味もなく長かったりなど職員に納得感が得られない残業は、仕事のやり方を改めることで大幅に減らせると感じています。

　また、日常的に残業が多い職場では、残業が当たり前という前提で業務が行われる傾向があります。働き方をよく観察すれば、1日8時間でやれる仕事を10時間、12時間かけてこなしているように見受けられます。時間当たりの業務の密度にもっと目を向けるべきです。具体的には、定時退庁を目標に仕事の進め方を洗い出し、無駄な部分をそぎ落とす作業を係全体で実施する、上司は決定スピードを速め、職員もタイム・パフォーマンス重視で効率よく仕事に取り組むなどです。

> **POINT!** 自身の体験に基づいて残業の要因分析を行うと同時に、無駄の削減や時間重視の仕事のやり方などを提案しましょう。

 時間重視と言っても、業務によっては仕事の関係者の都合に合わせざるを得ない場合もありますが、どうしますか？

> **POINT!** 関係者との調整等に取り組む姿勢を示しましょう。

 いくら課（係）内で効率を上げて残業を減らそうとしても、仕事の相手側に影響されて残業せざるを得ない場合も多々あります。そうしたときは、関係部署に理解を求め、課（係）を超えた業務の全体像を見直すなど、双方にメリットが出るような改善を働きかけていく必要があると思います。

第5章　周りと差がつく！　具体的事例の問答例

職場　係長

Q8 係長として有給休暇を取りやすい職場をどうつくるか?

ココが要点!

- 休暇の年間計画や、フォロー体制など具体例を回答する
- 休暇のとり方の二極化が問われるため、対応策を準備する

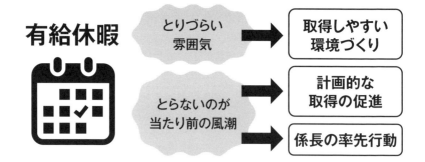

　職場にはまだ有給休暇を取得しにくい雰囲気が残り、恒常的に忙しい職場では有給休暇をとらないのが当たり前という風潮もあります。こうした状況を打破するには、職員一人ひとりの努力というより、係全体で効率的な仕事の進め方を実践するなど、休暇が取得しやすい環境を整える必要があります。全体を見渡す係長の視点が重要です。

合格する回答例!

多忙な職場で有給休暇をとりやすくするにはどうしますか?

　まず、有給休暇をとりづらい雰囲気を職員みんなで変えていく必要があります。上司が率先して取得する、年間を通じて計画的に休めるように係内で事前に調整を図るなど、できることはいろいろあると思います。

　もちろん、大前提として業務に支障が出ないようにする必要があります。特に恒常的に忙しい職場では、仕事のやり方を抜本的に改めなければいけません。その際には、職員個人の努力というより、係長として自分がリーダーシップを発揮して全体調整を行いたいと思います。休暇時に仕事の穴を誰がフォローするかをあらかじめ決めておくことも重要です。

> **POINT!** 雰囲気づくりの大切さと同時に、具体的な業務の見直しを通じて、休んでも業務に支障が出ない工夫が求められます。

繁忙期でも休暇をとる職員と年間を通じてほとんどとらない職員に二極化している場合、どう対応しますか?

> **POINT!** 他の職員の負担を考えない職員への対応と、休まないことが正しいと考える職員双方に対する対応を答えましょう。

　係の状況に関係なく休みを好き勝手にとる職員がたまにいます。権利の行使という意味では批判しづらいものの、上司には一定の休暇の時季変更権があるので、上司からの働きかけによってある程度の改善を図る必要があると思います。

　逆に、有給休暇の取得に無関心あるいはとらないことに価値を置く職員に対しては、係全体の調整の中で、ある程度義務的にでも休むように促すこともやむを得ないと考えます。

第5章　周りと差がつく！　具体的事例の問答例

[議員対応] [課長・係長]

Q9 議員対応で困ったことは？どう対応したか？

ココが要点！

- クールダウンの時間を設けることも、対応策の一つ
- 議員のメンツを潰さない工夫、上司への相談も含めて答える

職員
- 大人の対応
- 無理なものは無理
- 議員の立場を尊重

議員
- 上から目線
- パワハラ言動
- 無理な注文

　議員と良好な関係を確保することは、職位が上がれば上がるほど重要になってきます。その一方で、上から目線の言動やルールを外れた無理な要求に悩まされることも少なくありません。どこまで議員の顔を潰さずに大人の対応で職員としての筋を通せるかが問われます。一人で抱え込まず上司などに相談することも時には必要になるでしょう。

合格する回答例!

議員対応で困ったことはありますか? その時、どう対応しましたか?

議員との打ち合わせに臨んだことが何回かあります。ある時、議員から公表していないデータの開示を求められ、押し問答になりました。議員は当然、実質的な上下関係にモノを言わせて要求してきましたが、特定の議員にだけ便宜を図ることはできません。公平性の観点を粘り強く説明して、最後には納得してもらえました。

無理なものは無理と言わなければなりませんが、言葉遣いも含めて議員の立場を最大限尊重することを忘れてはいけないと思います。

> **POINT!** 圧力に屈せず一線を越えない姿勢を示すとともに、議員のメンツを潰さない配慮が求められるでしょう。

議員とのやり取りがこじれて「きみでは話が通じない。上司を呼べ」と言われたら、どう対応しますか?

> **POINT!** よくある状況設定です。一人で頑張りすぎると傷口を大きくしてしまいます。いったん引き下がる勇気も必要です。

話がこじれて議員が感情的になった場合は、理屈だけでは埒があかなくなります。クールダウンの時間が必要です。一度持ち帰って上司と相談し、再度来訪したい旨を議員に伝えて事態の収拾を図りたいと思います。

Q 議員から「こんな対応では、次の議会の質問の際に厳しい態度で臨まざるを得ない」と強く言われたらどうしますか?

A 議員の主旨は理解したと伝えますが、譲歩はせず、課(係)に持ち帰って状況を上司に報告し、次善策を検討します。

第5章　周りと差がつく！　具体的事例の問答例

[議員対応] [課長・係長]

Q10 議員から「業者を紹介する」と持ちかけられたら?

ココが要点!

- 癒着や情報漏洩のリスクも。断ることを前提にした回答を
- 「業者との対応は一人でしない」などの歯止め策を述べる

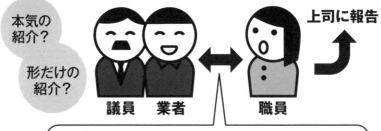

議員からの口利き事案はいまだに跡を絶ちません。業者紹介には大きく2種類あり、一つは本気で入札等への参加を求めてくる場合、もう一つは業者の顔を立てる意味合いで形式上職員に紹介する場合です。どちらのケースかを見定めて、適切に対応する必要があります。いずれの場合も、会って話を聞くだけという一線は堅持しましょう。

合格する回答例！

Q 議員から「業者を紹介する」と持ちかけられたらどうしますか？

A 自治体職員として、丁重にお断りするのが筋だと思います。たとえ議員の紹介であっても、業者との癒着や情報漏洩のリスクを考慮して、業者に会わないという基本線は堅持すべきです。

> **POINT!** 基本的なスタンスを明確にしましょう。公平公正を旨とする自治体職員としての立場を主張しましょう。

Q しかし、それでは、議員は納得しないのではないですか？会って話を聞くだけでもダメなのでしょうか？

> **POINT!** 杓子定規な対応では議員の納得を得られないとする反論です。

A 現実問題としては、議員が何を求めているのかを見極める必要があります。露骨に入札参加などを要求するケースは別として、業者に会って話を聞くだけという選択肢もあると思います。ただしその場合でも、それ以上の対応はできない旨を議員と業者双方に明確にしておく必要があると思います。

Q 話だけと言っても紹介業者に会ってしまえば、その後ずるずると関係ができてしまい、危険なのではないですか？

> **POINT!** ああ言えばこう言う式の質問です。現実的な対応に歯止めをかけるための方策を示しましょう。

A 業者の対応は一人ではなく上司など複数で行う、また業者にはこれ以上の対応はできないと伝える、議員に状況報告をするなど、いろいろな歯止め策を講じて対応します。

第5章　周りと差がつく！　具体的事例の問答例

[議員対応] [課長・係長]

Q11 議員の叱責で困っている職員から相談されたら？

ココが要点！

- ●個人への寄り添いと組織としての対応が両立させる
- ●議員とは、中長期的な関係であることを考慮する

- ☑ 状況の確認
- ☑ 上司への報告
- ☑ 一人で対応しない
  （組織として対応）
- ☑ 上司を交えて関係改善

組織として中長期的な対応を！

　議員と職員の関係は、本来なら対等であるべきですが、実際には上下関係に近いものがあります。そうした中で、議員からの叱責、暴言などで傷つく職員も少なくありません。相談を受けたら、状況をよく聞き、上司などへの相談を通じて、一個人ではなく組織として適切に対応し、議員との関係修復に取り組む必要があるでしょう。

合格する回答例！

 議員の叱責で困っている職員から相談されたら、どうしますか？

 議員の中には残念ながら、職員を見下したり高圧的な態度で接したりする人がいます。場合によっては職員がストレスを抱え、メンタルに不調をきたすこともあります。相談を受けたら、一人で抱え込まないように、まず状況をよく聞いてその職員に寄り添いたいと思います。ただし、議員との関係は単に職員一人の問題にとどまらず、課（係）と議員との問題に発展しかねないので、こじれた状況を上司に打ち明け、組織として適切に対応することが求められると思います。

> **POINT!** 第一に職員からの相談に親身に対応すること、第二に上司に相談し組織として適切に対応することが重要です。

 組織として対応するといっても、かえって事が大きくなってしまい、議員の心証も悪くなってしまうのではないですか？

> **POINT!** 中長期的な視点からも組織としての対応が必要です。

 議員との関係は、その場限りで終わるものではなく、この先も長く続きます。影響が課（係）の業務そのものに及ぶことを避ける意味からも、組織としてきっちり対応すべきだと考えます。課（係）長が職員を伴って議員のもとに出向き、丁寧に事情を説明するなど、関係改善に取り組む必要があると思います。

> 【別の回答例】「この機会を捉えて、むしろこれまで以上に議員との関係を深めることができます。ピンチをチャンスに転じるようにすべきです。上司を交えて議員と接触し、良好な関係の構築に転じるようにするのが得策だと思います。」

第5章　周りと差がつく！　具体的事例の問答例

業者対応　**課長・係長**

Q12 ある職員に業者と付き合いがあるとの噂があったら？

ココが要点!

- 贈収賄に関連しそうな事案だという認識を持つ
- 第一報をしかるべき窓口に通報する旨を回答しよう

業者との関係
＝
贈収賄の入り口？
の可能性

噂レベルでも万が一を考えて行動すべき
- 上司等への情報提供
- 第三者機関への通報

　いまだに自治体を舞台とした贈収賄事件の報道が散見されます。自らが直接かかわっていないとしても、周囲で怪しげな情報がある場合には、情報の出所の確認も重要ですが、まずは上司や公益通報などの窓口に情報を上げることが優先されます。見て見ぬ振りをすることが、後々取り返しの付かない事件に発展することを考慮しましょう。

合格する回答例！

 職員に業者と付き合いがあるとの噂があったらどうしますか？

 噂の出所や正確性にもよりますが、「火のないところに煙は立たない」というように、万が一のことを考えて早め早めの情報提供が重要だと思います。本人に黙って通報や情報提供を行うことは、ある意味仲間を裏切るようにも感じられ、躊躇してしまいます。しかし、通報や情報提供は密告とは全く異なり、公の利益を守るために必要な措置ですから、ためらわずに情報を伝達することが必要ではないかと考えます。

> **POINT!** 万が一のことを考えて、上司への相談や公的な窓口への情報提供を優先することを示します。

 噂されている職員に直接質すことはしないのですか？

 通報の前に面と向かって質すという手順もあると思います。本人への婉曲的な注意喚起になります。ただし、噂の段階で真相を突き止めるのは現実問題として難しいと思います。組織的な対応に委ねることが重要ではないでしょうか。

 今回の事例に限らず、汚職や贈収賄をなくすためには、どうすればよいですか？ 具体的な対策はありますか？

> **POINT!** 一般的には、研修の充実や通報窓口の設置などが考えられます。

 すでに実施されている汚職防止の悉皆研修をさらに充実させるとともに、汚職を疑われるような情報を早い段階で受け止める窓口や、情報連絡のルートを確立しておくことが重要です。透明性の高い組織づくりが前提になると思います。

第5章　周りと差がつく！　具体的事例の問答例

> 組合対応　課長・係長

Q13 組合が特定の職員の異動を要求してきたら？

> **ココが要点!**
>
> ● 数の力に臆さない姿勢をアピール
> ● 組織として、公平性を持って筋を通す

理不尽な要求には…

　組合活動に関しては、自治体によって活発なところとそうでないところに分かれます。総じて本庁より出先機関のほうが、組合活動が盛んな傾向にあります。組合は物理的にも精神的にも数の論理で要求をぶつけてきますが、理不尽な要求に対しては毅然とした態度で臨むことが重要です。そして、上司や本庁に助けを求めることも必要です。

138

合格する回答例！

 組合が特定の職員の異動を要求してきたら、どうしますか？

 これまで、組合と交渉したり対峙したりした経験はありません。ご質問のケースでは、組合側の言い分をよく聞き真摯に受け止めることは重要ではありますが、特定の組合員の利益のためだけに異動の手続きやルールを破ることはできないと思います。そのやり方が通ってしまっては、他の職員に示しがつかなくなり、異動の公平性を著しく欠くことになります。きっぱりと断わる勇気が必要だと思います。

> **POINT!** 原則論として、無理な要求には応じない態度を示しましょう。たとえ組合が相手でも毅然とした態度が求められます。

 しかし、職場の大半が組合員で数に物を言わせて要求を迫ってきた場合、それでも断わることができますか？

> **POINT!** 実際に机を囲まれるといったケースもあり得ます。孤立無援にならないように、上司などに応援を求めることも必要です。

 自分の判断だけで組合の要求に譲歩することは避けなければなりません。相手が執拗に迫ってくるようであれば、上司や本庁に助けを求め、個人対組合の対立の構図から脱して、自治体としての筋を通せるように対応すべきだと思います。

 要求をすべてつっぱねてしまっては、組合との関係が悪化し、その後の組織運営などに悪影響が出るのではないですか？

 組合とは日頃から良好な関係を保つように努めるとともに、要求を拒否した理由を丁寧に説明するなど、なれ合いにならない範囲で極力溝を埋めるように努力したいと思います。

第5章　周りと差がつく！　具体的事例の問答例

[住民対応] [課長・係長]

Q14 クレーマー対応で業務が停滞していたら？

ココが要点!

- クレーマーの大半は住民である。まずは誠意のある対応策を
- 情報連絡のルールの共有や対応マニュアルの作成も検討

「クレーマーも住民」という認識を！

- ☑ 誠意ある対応が必要
- ☑ 組織として連携して対応
- ☑ 一人に対応を押しつけない
- ☑ クレーマー情報の共有化
- ☑ 対応マニュアルの作成

　窓口対応などで、住民からクレームを受けることは職員にとって日常的かもしれません。相手の大半は住民であり、状況がこじれるのを極力避けるべきです。一方で、クレーム対応に多大な時間と労力を割かれて業務に支障が出ないようにする必要もあります。一部の職員に対応を委ねるのではなく、係として組織的な対応が必要になります。

合格する回答例！

クレーマー対応で業務が停滞していたらどうしますか？

住民窓口を中心に、大勢の職員がクレーマー対応に苦慮しているのが実情です。もちろん、住民からの苦情がすべてクレーマーによるものではありませんが、いったんクレーマーに捕まると、その職員はもとより課（係）全体に悪影響を及ぼします。ですから、まずは目の前のクレーマー対応に最善を尽くします。運悪くクレーマーにあたってしまった職員のフォローに積極的に入り、あわせて上司への連絡を行うなど、職員全員で対処します。ただし、クレーマーとはいえ大半は住民ですので、これまでの経緯や言い分を真摯に受け止め、誠意を持って対応したいと思います。

> **POINT!** 組織的な対応の方向性を示しつつ、住民であることを前提に丁寧な対応の必要性にも触れましょう。

誠意だけでは引き下がってくれないのではないですか？

> **POINT!** 正解のない質問には、正論で回答しましょう。

何を言っても「火に油」という状況も考えられます。それでも、相手が不法行為に及ばない限り、誠心誠意粘り強く丁寧に対応するしかないのではないかと思います。

Q **事前の対策としては、どのようなことが考えられますか？**

A 情報連絡のルールを決めて課（係）全体で情報共有を図る、他の部署とも連携してクレーマーの情報を共有する、対応マニュアルを作成して最低限の対応を誰でもできるようにするなど、さまざまな対策を講じておく必要があります。

第5章　周りと差がつく！　具体的事例の問答例

住民対応　**課長・係長**

Q15 住民から「上司を出せ」と言われたら?

ココが要点!

- 自分の経験から、住民の不満と問題の洗い出しを行う
- 上司につなぐべきか、判断基準に明確に回答する

上司を出す前に

① 住民の気持ちを理解する

② 自分の対応で何が足りなかったかを把握する

③ 上司につなぐため、もう少し詳しく話を聞かせてほしい旨を住民に伝える

※上司を出すのは最終手段

　「上司を出せ」とは、「お前では話が通じない」という意味と同時に、「責任ある者と直接話して問題を解決したい」という住民の気持ちの表れです。単に上司が出てきても何の解決にもなりません。自分の対応で何が不足していたのか、住民は何に不満を募らせているのかをしっかり把握する必要があります。上司につなぐとしてもそれからです。

合格する回答例！

住民から「上司を出せ」と言われたら、どう対応しますか？

　同様の言葉を住民から言われたことがあります。その時は、双方が感情的になってしまい、うまく対応できませんでしたが、同僚の対応で何とか収めることができました。

　振り返ってみると、はじめの対応でボタンの掛け違いがあったり、ちょっとした言葉の行き違いが感情を害したり、意外と些細なことの積み重ねによって状況が悪化したことがわかりました。問題は住民が納得しない場合です。機械的に上司につないでも解決には至りません。上司に説明するためにもっと詳しく話を聞きたい旨を伝え、要求の本質を把握することが必要です。そのうえで、「どうしても」と言う場合にだけ、上司に状況を伝えるべきだと思います。

> **POINT!**　「上司を出せ」と言われるに至った原因を考え、真摯に対応する姿勢が必要です。

上司につないで上司に対応を委ねてしまってもよいのですか？対応した職員の段階で収拾を図るべきではないですか？

> **POINT!**　当然想定される意地悪質問です。対応した職員でどこまで頑張るか、その線引きが試される質問でもあります。

　おっしゃるとおり、上司につなぐのは最終手段です。基本は同僚の協力も借りながら対応した職員で収拾すべきだと思います。しかし、あまり抵抗を続けるとますます心証を悪くしてしまう場合もあります。相手の置かれた状況を鑑みる必要があります。また、上司に対応をお願いする場合でも、後日、日を改めて話しあいの場を設けるなど、クールダウンの時間をつくる工夫が求められると思います。

第5章 周りと差がつく! 具体的事例の問答例

住民対応　課長・係長

Q16 苦情電話に出ない職員に周囲の不満が溜まっていたら?

ココが要点!
- 個人を問題視するのではなく、全体で協力する姿勢を主張
- マニュアルの更新など、現実に即した対応策を検討する

- ☑ 対応マニュアルの更新
- ☑ 情報共有のルールづくり
- ☑ 課・係全体での対応

電話に出ない職員　← 他の職員のフォロー、経験を積ませる

　苦情電話の対応は、時に長時間に及び、自分の業務が大幅に停滞しかねません。誰もが避けたいと思うのは自然ですが、そうした負担が偏り、対応しない職員が出てきては、課・係としてのチームワークが乱れます。上司も巻き込み、職員が一致協力して適切に対応できるように働きかけ、事態をより良い方向に持っていくことが求められます。

合格する回答例！

苦情電話に出ない職員に対して、周囲の職員の不満が溜まっていたら、どのように対応しますか？

苦情電話に長時間拘束されている職員がいても、周りの職員のフォローが入らない状況は少なからずあると思います。中には徹底して苦情電話を避けようとする職員もいます。しかし、課（係）内の相互協力のバランスが崩れれば、不平不満が充満して、通常業務にも影響が出ます。

そういう場合には、電話に出ない職員をきちんと注意することも大事ですが、個人的に責めるだけではなく、課（係）全員で協力しあう体制づくりを全員で話しあって決めるのがよいと思います。対応マニュアルなど苦情電話に関するルールや情報共有の約束事を全員が守ることを通じて、電話に出る・出ないの問題も解決されるのではないでしょうか。

> **POINT!** 対個人の問題を超えて、課・係全体で苦情電話への対処方法を決めることの重要性を強調しましょう。

苦情電話対応マニュアルを作ったとしても、ルールを守らない職員は必ず出てきますが、そういう場合はどうしますか？

> **POINT!** マニュアルを作って終わりとするのではなく、さらなる問題への対応が求められていることを自覚しましょう。

個人の資質の問題にもなりますが、苦情電話に出たくないのは、おそらく、どう話したらいいのかわからない、罵声を浴びせられるのが怖いなど、コミュニケーションにかかわる問題を抱えているからだと考えられます。他の職員がフォローに入るなど、場数を踏ませて本人の経験値を高めていくべきです。また、マニュアルも完成したら終わりではなく、常に新しい事例をふまえて更新していく必要があると思います。

COLUMN 5

自己主張はどこまですべきか

　面接官を経験していると、いろいろなタイプの受験者に遭遇します。
　扱いに困る受験者の筆頭に挙げられるのが、自説を蕩々と述べるタイプです。自分の考えを持っているのは良いことですが、聞いてもいないことにまで言及し、しかも、往々にして話が長いのが特徴です。一つ質問されると、知っていることを10答えようとします。
　これでは、自説を聞かされている面接官もうんざり、早く終わらないかとイライラします。もちろん、評価は低くなります。

　中には、面接官と議論を始めてしまう受験者もいます。こんな受験者は論外としても、面接において自己主張が強すぎて話が長いということは、まず自分の考えを簡潔にまとめて相手に理解してもらおうとする能力が低いと見なされます。次いで、相手の立場を考えていないと受け取られます。組織をけん引する立場になる者として、自分のことしか考えていないと判断されれば、面接に合格するわけはありません。

　こうした自己主張タイプの言動は、面接対策の反面教師としても広く活用することができます。
　第一は、面接官の質問にムキになって反論しないこと。「そうした考えもあると思いますが」とやんわりかわして自分の考えを目立ちすぎない程度に述べるのが得策です。第二は、面接官の反応を見ながら、自分の回答の長さを調節することです。難しいかもしれませんが、面接官の反応が芳しくなければ、場合によっては途中で回答を切り上げてもよいのです。独りよがりにならず臨機応変に対応しましょう。

第6章

もう慌てない！
変化球と緊急事態の
対処法

第6章　もう慌てない！　変化球と緊急事態の対処法

① 二の矢三の矢に備えるポイント

面接は言葉のキャッチボール

　面接は、面接官と受験者との言葉のキャッチボールです。相手の球筋を読んでしっかり受け取り、質問の真意を理解して面接官が求める場所にボールを投げ返す。これで初めてキャッチボールが成立します。

　ど真ん中の場合もあれば、ストライクゾーンを外れる場合もあるでしょう。ですから、質問と回答が1往復で終わってしまうと、面接官は消化不良のことも多く、深掘りして聞きたくなるのです。もちろん、YES・NOで成立する問答もありますが、多くの場合、一つの質問に対して最低2回のやり取りがテンポ良く続くことがキャッチボールの理想形といえます。

やり取りは1回では終わらない

　では、受験者は、そうした状況を事前に想定しているでしょうか。往々にして答えを1回で済まそうと意気込んでいるのではないでしょうか。想定問答も一問一答の形で暗記しているはずです。一方、面接官は、何度か質問を繰り返すことで回答の内容を深掘りして、受験者の本音や真意を聞き出そうとするわけです。

　用意してきた答えを1回の返答で全部吐き出すと、その時点で気が緩みます。ホッとしてこれで終わりだと油断しているところに、二の矢三の矢の質問が急に飛んでくると、不意を突かれてしどろもどろに

なり、うまく答えられなくなります。そんな時は「面接官も用意された回答以外に、本音の部分を聞き出そうとしているのだ」と捉え、落ち着いて答えましょう。

次の質問に常に備える

　二の矢三の矢に慌てないようにするには、どうすればよいでしょうか。

　まず、準備段階として、想定問答を2段階に分けて用意することです。たとえば、志望動機であれば、総論的な部分とエピソード的な部分を分けて用意します。本番では、面接官の反応を見ながら総論だけを答えるかどうかを判断します。つまり、エピソード部分を二の矢に備えた「隠し球」として取っておく作戦です。もちろん、最初から総論＋エピソードを合わせて答えても構いません。

　しかし、いくら念入りな準備をしても、本番では予想外の二の矢が飛んでくることは避けられません。そんな時は頭をフル回転させ、答えをひねり出すしかありません。

緊急避難の方法

　それでも答えを思いつかない時はどうするか。緊急避難の方法として、最初の答えを少しアレンジして繰り返す方法もあることを覚えておくとよいでしょう。

　「繰り返しになりますが……」「先ほどの答えと重複するようで恐縮ですが……」といった前置きを挟んだうえで、最初の回答の要約を繰り返すだけでもなんとなく二の矢の質問に答えた格好になるものです。考え込んでしまって沈黙を続けたり、動揺して慌てふためくよりは、よほどベターな対応といえます。

　いずれにしても、二の矢三の矢への対応は、受験者の実力を測る重要な物差しになりますので、心して対応しましょう。

第6章 もう慌てない！ 変化球と緊急事態の対処法

②「もっと具体的に」は、実体験を問われている

納得していないサイン

　面接官の習性として、抽象的な答えを嫌う傾向があります。「そんな教科書に書いてあるような通り一遍なことを聞いているのではないのに」と内心思ってしまいます。ですから、よく面接官は、「具体的には？」と聞き返してくるのです。こうした面接官の習性は、面接を受ける側として十分心得ておく必要があります。

　曖昧さが残る答えや何を言いたいのかわからない答えを返したら、面接官は必ずといっていいほど、「もっと具体的に教えてください」「それは具体的にはどういうことですか？」と聞き返してきます。

　このように問い直されるということは、はじめの答えが抽象的で物足りないと受け止められたサインなのです。このままでは、面接官の高評価は得られません。

実際に体験した事例を聞かれている！

　では、面接官の言う「もっと具体的に」とは何でしょう。

　言い換えれば、「実際に体験した事例に沿って説明してください」という面接官からのオーダーなのです。つまり、エピソードを通じて言いたいことを伝えてほしい、煎じ詰めれば「あなたの実体験に基づくエピソードを聞かせてほしい」ということです。ですから、これまでの経験を振り返って、困難に直面したり窮地に陥ったりしたときに、

どのように対応したのかなど、心情も交えて具体的に語る必要があります。

　面接官は空理空論よりも実体験に基づいた考えや判断を重視します。これからの公務員人生にとって、それが一番必要とされるからです。さらに言えば、面接官も同じような体験を積み重ねてきているわけですから、エピソードを織り交ぜることで面接官の共感を得ることもでき、アピールチャンスにもなります。

エピソードが見当たらない場合

　そうはいっても、すべての質問に対して、具体的なエピソードを持ち合わせている人はごく少数でしかありません。むしろ、エピソード探しに苦労する場合のほうが多いと思われます。

　では、どうすればよいのでしょうか。

　あまり大きな声では言えませんが、職場で日々見聞きしているさまざまな事例や、自分が直接かかわっていなくても係内や課内で発生した事例などを参考にエピソードを組み立てるという裏技もあります。有り体に言えば、他人のエピソードを活用させてもらうのです。

「ただし書き」を入れてエピソードを活用する

　ただし、この方法はあくまで応急措置的な対処法です。中途半端に使うと面接官にバレてしまうリスクがあります。実際、「面接あるある」で言えば、職場の問題解決にあたって誰もがリーダシップをとって率先して解決したと、判で押したように答えます。面接官は「そんなはずはない」と、話半分に受け止めているものなのです。

　ただし、こういった事例もあるといった程度の活用なら、答えに膨らみを持たせることができます。あるいは、「自分が直接経験したことではないが、こんな同僚の体験談を聞いたことがあり……」とただし書きを入れたうえでエピソードを活用する方法もあります。状況に応じて活用してみてはいかがでしょうか。

第6章 もう慌てない！ 変化球と緊急事態の対処法

③ 言葉が出てこない時のしのぎ方

頭の中が真っ白になることを想定しておく

　面接最大のピンチといえば、言葉に詰まって沈黙が続いてしまうことではないでしょうか。頭の中が真っ白になり、脳が機能停止に陥ってフリーズしてしまう。誰でも経験があると思います。

　このフリーズ状態は、準備をしてこなかった質問に慌てている時に発生するとは限りません。何気ないタイミングで、場合によっては用意してきた模範解答を答えている途中で、ふいに言葉が出てこなくなることも少なからずあります。

　こんなとき、面接官もまた気まずい思いをしています。長く沈黙が続くと、面接官の側から、緊張をほぐすように「大丈夫ですよ」「落ち着いて考えてください」といった言葉をかけてくれることが一般的です。こうした言葉をもらったら、それをきっかけに素早く立ち直ることが重要です。

詰まったことよりも、その後の対応が評価される

　言葉に詰まったとき多くの受験者は、「緊張する場面に弱いヤツ」と受け止められて低い評価を付けられてしまうと焦り、さらに言葉が出てこなくなる負のスパイラルに陥ってしまうのではないでしょうか。

　言葉に詰まった受験者のことを面接官はどう受け止めているのでしょうか。確かに、「ずいぶん緊張しているなあ」と面接官に思われるの

は仕方がありません。しかし、面接全体を通じて終始緊張がほぐれないとか、落ち着きを取り戻せないというような場合はともかく、1回ぐらい言葉に詰まったからといって「即バツ」ということはまずありませんので、ご安心を。

　評価を考えれば、むしろ、言葉に詰まった後、どうやってリカバーするかのほうが大切になってきます。面接官は、立ち直りの状況にも注目して評価を下していると受け止めてください。

言葉を取り戻すためのフレーズを覚えておく

　面接官からのフォローの言葉を待つまでもなく、自力で立ち直るには、機能停止した頭を再起動させるきっかけを見つけ出さなければなりません。そのためには、意識的に間合いをとることが求められます。

　いくつか方法はあります。

　たとえば、言葉が出てこないことを率直に面接官に告げて謝ってしまうというのも一案です。

「すみません。ちょっと緊張してしまって……」

「そうですね、すぐには思い浮かばないのですが……」

「少し考えさせていただいてもよろしいでしょうか……」

　こうしたつなぎの言葉を発することで、その場の雰囲気も和み、面接官もホッとします。もちろん、時間稼ぎをしている間にフリーズ状態を脱して頭を回転させ始め、答えを用意すべきなのは言うまでもありません。

　何より大切なのは、自分の行動によって停止状態を解除して、ある程度の余裕を取り戻すことです。言葉に詰まって頭が真っ白になったら、むやみに言葉を見つけ出そうとせず、ワンクッション置いて落ち着くことが重要です。

　特に自分が緊張しやすいタイプだと自覚している人は、以上のノウハウを事前にチェックして本番に臨んでみてください。

第6章 もう慌てない！ 変化球と緊急事態の対処法

④ 質問と答えがズレたと感じた時の対応方法

面接官も受験者も感じるズレ

　質問と答えの間にズレが生じることは珍しくありません。しかし、このズレを放置しておくと、面接全体の評価に悪い影響を及ぼしかねないので要注意です。受験者が、「多少のズレは仕方がない」「もう後戻りできない」と思っていても、面接官は敏感に察知します。同時に、面接官の態度や仕草から、自分の答えがズレたことがわかる場合があります。

　「あれ、この答えでは質問の主旨に合っていないのでは？」と、答えを口にしながら直感的に感じるときもあるものです。

　この感覚はとても大切です。このズレを取り残した状態で次の質疑に移っていってしまうと、双方に割り切れない感覚が残ります。特に、面接官は、受験者に物足りなさを覚えて印象が悪くなります。

質問は「最後」までよく聞こう

　ズレが生じる根本原因は質問意図の取り違えですが、その多くは、受験者の思い込みに起因します。つまり、質問の中に登場するキーワードに反応して勝手に誤解してしまうのです。「準備した質問だと思い込む」「このキーワードなら考えを用意してある」といった具合に先走って、肝心の質問を最後まで聞くのを怠ってしまうケースが考えられます。この事態は、質問を最後まで慎重に聞き、全体の趣旨を理解する

ことで避けられます。

自発的に申し出てズレを修正する方法

　面接官がズレを感じて二の矢の質問をしてくれる場合は、その流れに乗って適切にズレの解消につながる答えを導き出しましょう。

　問題なのは、ズレを取り残したままなんとなく次の質問に移ってしまいそうになったときです。残された選択肢は二つ。修正を試みるか、ズレを見て見ぬ振りでやり過ごすか。

　まず、自発的に修正する場合です。「先ほどの発言ですが」と切り出し、発言主旨の言い換え・訂正を図る方法があります。面接官の進行をいったん遮る形になりますが、自分の答えに責任を持つ態度を示すことで面接官に好印象を与えることができます。

「ズレの放置」を選択したら、巻き返す姿勢を見せる

　一方で、修正するタイミングを逃した場合は、あえて深追いせずに、ある意味、開き直るという選択肢もあります。

　多少のズレであれば、面接官の印象が極端に悪くなることはそう多くはありません。自信を持って質疑を続ければ、面接官もその後やり取りした受け答えのほうの印象が強くなり、ズレたことを気にしなくなります。

　ただし、ズレた答えを連発して放置したままでいると、さすがの面接官も「質問の趣旨を理解しているのか？」と、評価が厳しくなりますので、早めに修正を図る必要が出てきます。

　自発的な修正には、それなりに説得力のある再回答が求められる一方で、やり過ごし作戦には大きなリスクはありません。ただし、ズレた後が肝心。劣勢を挽回できるように、説得力のある回答を続ける必要があることを肝に銘じておくべきでしょう。

第6章 もう慌てない！ 変化球と緊急事態の対処法

⑤「最後に質問はありますか？」には明るく意気込みを

最後ほど油断せず気を引き締める

　面接の最終盤、面接官からの常套句として、「何かこちら側に質問などはありますか？」「言い足りなかったことなど、最後に何か言っておきたいことはありますか？」と聞かれることがあります。このフレーズが出れば、面接はもう終了です。

　ですから、こうした形式的で儀礼的な質問に大きな意味はないと言ってしまえば、それまでなのですが、この質問を最後の一押しとして活用することも可能なので、紹介します。

　もちろん、「特段ありません。ありがとうございました」と答えるのが一般的な対応であることは言うまでもありませんが、あえてラスト・クエスチョンに答えるとしたら、一つ注意事項があります。

　面接が終わるという安堵感からなのか、最後の最後で的外れの質問をしたり、自分の思いを冗舌に語る人がまれにいます。こうした対応だけは絶対に避けましょう。

　昇任試験面接ではありませんが、あるとき、最後の質問に対して、給料や休暇の取得など処遇面に関する細かい質問をしてきた受験者がいました。こんな質問を最後にされたら、きっと面接官は「ついに本音が出たな」と白けてしまうでしょう。

好印象を残すのは簡潔な意気込み

　せっかく与えられた機会です。自分の思いや意気込みを語る場として利用してはどうでしょうか。ただし、あくまで簡潔に。なにしろ、面接官は早く面接を終わらせたくて仕方がないのですから。

　面接官の心情にも配慮して、たとえば、自らの意気込みを元気よくワンフレーズで表明するのが望ましい対応です。「課長（係長）として全力を尽くす覚悟ですので、よろしくお願いします！」。これでOKです。

　一方で、質問を面接官にするのは、よくよく考えたうえで実行すべきです。むしろ、面接官への質問は極力控えるべきでしょう。質問をするということは、面接官が答えなければならなくなります。そんな面倒なことを面接官に求める必要はありません。最後に好印象を残せれば、気持ちよく面接を終えることができます。

面接終了後の反省はほどほどに

　面接が終わり面接会場を出た後は、くよくよしないことです。「あの質問にはああ答えるべきだった」「あの答えはちょっとマズかったかな」「そういえば面接官が怪訝な顔をしていた」などなど、頭の中でいろいろな場面がグルグル回るのは仕方ありません。

　面接が終わって「よし合格だ！」と自信を持てる人はまずいません。全部やりきったと自分に言い聞かせて前を向きましょう。あとは結果を静かに待てばよいのです。

　面接の模範解答なるものが出回っている職場もあるかもしれません。実際の面接の受け答えを忠実に再現して記録に残している先輩職員がたまにいるものです。冷静と言うべきか記憶力が良いと言うべきか……。そうした記録を元にして作成された模範解答を入手できるなら、積極的に活用してください。ただし、模範解答の丸暗記だけで合格できるほど面接は甘くないことは、これまで縷々として述べてきたとおりです。自助努力が一番の武器であることを忘れずに。

COLUMN 6　和気あいあいの雰囲気でも通るとは限らない

　一昔前まで、自治体の昇任面接でもいわゆる「圧迫面接」が行われていました。たとえば、「そんな弱腰で管理職が務まると思いますか？」といった具合に、受験者を追い込んで反応を確かめるやり方です。
　時代が変わりそんな「圧迫面接」は過去のものになりつつあります。代わって、面接官の言葉遣いも物腰も柔らかくなり、面接を受ける側への配慮が行き届くようになりました。（未だに昭和的な面接を実施している自治体もあるかもしれませんが。）

　そうした意味で、面接で過度に緊張する必要はなくなり、面接官の誘導に従って受け答えをしていれば、あっという間に面接の時間は過ぎていきます。しかし、そこに思わぬ落とし穴があるのを忘れないでください。
　面接官は受験者をリラックスさせて本音・本心を引き出そうとしているのです。調子に乗ってベラベラ答えていると、墓穴を掘ります。面接官はあなたよりも一枚も二枚も上手です。自制心を忘れないようにしましょう。

　面接中、和やかな雰囲気に包まれ面接官とのやり取りもスムーズだった場合、当然、面接はうまくいった、面接官の受けも良かった、合格間違いなしと思うでしょう。でも実際は不合格。
　これもまた「面接あるある」の典型です。和気あいあいの雰囲気と実際の評価は別物だからです。面接官は笑顔の裏で冷徹にあなたを評価しています。雰囲気に騙されて気を緩めないでください。面接はあくまで真剣勝負。雰囲気を味わうものではありません。

第7章 今日からできる！昇任するための思考術

第7章 今日からできる！ 昇任するための思考術

① 面接は見た目や印象がすべて？

面接官に好印象を持たれる見た目って？

　面接官に好感を持たれるのは、いったいどんな人物なのでしょうか。この項では、外見上や印象についての観点に限定してお話しします。

　世の中には「見た目が9割」などという身も蓋もない言い方があります。外見や印象、雰囲気でほとんど決まってしまうなら、いくら努力しても意味がないことになってしまいますが、果たして面接の場合も、当てはまるのでしょうか。

　たとえば……
背筋の伸びた人 VS 背中を丸めている人
服装がきっちりしている人 VS だらしない人
明るい表情の人 VS 暗い表情の人
落ち着いた態度の人 VS 落ち着きのない人
声の大きい人 VS 声の小さい人
面接官と目を合わせる人 VS 目を合わせない人
適度にうなずく人 VS 微動だにしない人　などなど。

　当然のことですが、見た目で判断できる外見上の特徴で選べば、いずれも前者に対して面接官は好印象を抱きます。今後、組織の一翼を担う大切な人材にふさわしいイメージは圧倒的に前者なのです。

「明るく前向きな雰囲気」を出すコツ

　しかし、すべての人が前者の特性を備えているわけはありません。いろいろな特徴の人がいて当たり前です。暗い表情の人でも打ち解ければ気さくな人だったということは往々にしてあります。

　ただ、30分程度の短い時間内に人物像を見極めようとすれば、面接官はどうしても外見から受けるイメージに、ある程度頼らざるを得ないのも事実です。

　こうした面接官サイドの実情をふまえて、面接を受ける側は、「中身で勝負」という正攻法の考え方に立って想定問答を準備するだけでなく、自分の外見にも十分に気を配る必要があります。

　冒頭で掲げた外見上の特徴のうち、いくつかは意識して注意すれば改善できることですが、無意識に出てしまうクセの部分などは、一朝一夕には改まるものではありません。ただし、総じて言えるのは、「明るく前向きな雰囲気」をいかに醸し出すかが最大のポイントです。

　普段よりギアを1段か2段上げる意識で、いつもの自分とは少し違う自分を演出するように心掛けてみることも必要です。背筋を伸ばして胸を張る。面接官を正面から見て、視線をそらさない。意識して微笑みを浮かべるように努める。それだけでも印象は違ってくるものです。

話し方や声の大きさのクセは第三者に指摘してもらう

　見た目とは多少違うかもしれませんが、声の大きさや滑舌の善し悪しといった話し方も、実は面接官にとって意外と気になる部分なのです。特に、小さな声でボソボソ話されると、内容がいくらすばらしくても面接官の印象は2ランク下がってしまいます。

　自分の声の大きさや話し方が聞き手にとって適切かどうか、自分だけで判断できません。ぜひ、第三者に立ち会いを頼んで、自分のクセを指摘してもらい、改善につなげることをお勧めします。意外な発見があるかもしれないので、試してみてください。

第7章 今日からできる！ 昇任するための思考術

② 面接官に映る「自分像」のつかみ方

自分では自分の姿がわからない？

　皆さんは自分が何かを話している姿を第三者の視点から客観的に見たことがありますか。単に鏡に映った顔や上半身の姿ではなく、椅子に座った自分の全身像をまじまじと見たことのある人はとても少ないのではないでしょうか。

　ちょうどこれが、面接時に面接官に映っている自分の姿なのです。外見上のイメージを事前に整えるためには、こうした全身像でチェックしておく必要があります。

模擬面接が一番の近道！

　有効な手段の第一は、模擬面接を何度かやってみることです。職場によっては、組織をあげて模擬面接を実施しているところもあります。小さな会議室を面接会場に見立てて課長が面接官に扮して実施するケースもあります。質問内容は面接官役に任せれば、臨場感が出て実践力を養うことができます。面接の善し悪しを評価してもらい、修正点を明らかにすることもできます。

　では、そうした取組みが行われていない場合には、どうすればよいでしょうか。自ら直属の上司や知り合いの管理職などに頼み込んで、模擬面接をやってもらいましょう。管理職がダメなら、係長に頼んでもよいでしょう。とにかく、数をこなして自分の表情や動きをチェッ

クすることが重要です。こうすれば、単に紙ベースで想定問答を暗記しただけでは得られない、実践形式の感覚を獲得することができます。

自分の姿を動画に撮り、客観的に見てみよう

　YouTuberを想像してみてください。彼らは、カメラの前に立ったり座った格好で、身振り手振りを交えながら話し、パフォーマンスを演じています。その多くが正面の姿を捉えた動画です。つまり、面接官が見ている受験者の姿そのものです。自分の姿を動画に撮ること、それは正に面接の姿を客観的に見るには打ってつけではないですか。面接対策の一環として、動画を見る側から出演する側に意識を変えてみることを強くお勧めします。

自分の表情や話し方のクセを知ろう

　まずスマートフォンを用意しましょう。それに、三脚があればベストですが、なければ代用品で十分です。椅子に座って、画面に頭のてっぺんからつま先までが収まるようにセットして、スマートフォンの録画ボタンを押します。深呼吸をしたあとに、想定問答の答えなどを面接官に見立てたスマートフォンに向かって話します。

　こうして録画した動画をチェックしてみましょう。はじめは、自分の動画を見るのが気恥ずかしいというか、不思議な感覚を味わいますが、すぐに慣れます。自分の表情や話し方のクセ、身振り手振りの動作などが一目瞭然です。と同時に、修正すべき点も見えてきます。人は無意識に頭を右か左に傾ける傾向があり、そんな自分の習性もわかります。スマートフォンがあれば誰でも一人で簡単にできる方法ですので、ぜひ一度、試してみてください。

第7章　今日からできる！　昇任するための思考術

③ 鳥の目で見るか、虫の目で視るか

グローカルな視点とは

　「鳥の目で見て虫の目で考える」とは、ある自治体の首長の発言にも登場する有名な言葉です。言い換えれば、「グローカル」の重要性と表現してもよいでしょう。グローカルとは、グローバルとローカルを合体させた造語です。つまり、鳥の目＝グローバルな見方と、虫の目＝ローカルな視点・発想をバランスよく持って考え行動するということです。

　鳥の目も虫の目も、自治体職員に求められる資質をよく表した言葉です。自治体職員の場合、虫の目＝ローカルな視点の重要性は、日々の業務を通じていやが上にも自覚しているでしょう。地域の状況や住民の意見をどう行政に反映させるかは、職員にとって最も身近で切実な課題だからです。

鳥の目＝グローバルな視点も忘れない

　一方、鳥の目＝グローバルな視点に関してはどうでしょう。案外、疎かになりがちかもしれません。

　しかし、日本全体にかかわる問題、気候変動・温暖化対策、人口減少社会、大規模災害対応など、大所高所からのアプローチが求められる数多くの課題が自治体には突きつけられています。また、インバウンド需要をどのように取り込むか、外国人住民と地域社会をどのよう

に築いていくかなど、国際的な視点も不可欠になっています。

　鳥の目＝グローバルな見方と、虫の目＝ローカルな視点・発想は、片方が欠けてはいけません。自治体職員として両方の目を持っておく必要があるのです。

全体像をつかみつつ、具体性を持った回答を

　面接に臨む際にも、鳥の目と虫の目の両方を兼ね備えておくことが重要であることは言うまでもありません。面接官の質問に対して、まずは大きな視点で質問の意味を把握したうえで、答えの内容は現場の実体験や住民の視点に寄り添ったものにしなければいけないのです。

　ところが答える側は、どうしてもどちらか一方の視点に偏ってしまう傾向にあります。どちらか一方だけの視点で語られる答えを受け取った面接官はどう感じるでしょうか。

　鳥の目に偏った答えに対しては、総論ばかりを述べていて具体性や当事者意識に欠けると判断するかもしれません。その反対に、細かい状況の説明や目の前の事象への対応だけに終始した内容だと、問題の全体像をつかんでいない、大きな流れを理解していないと判断されてしまうでしょう。

「総論＝鳥の目」と「各論＝虫の目」をうまく分けて答える

　そうしたマイナスの評価を受けないためには、短い答えの中であっても、総論部分と各論部分をうまく分けて伝えることが大切です。課題の重要性を総括したあとに、具体的な対応策や解決策を述べるようにすれば、鳥の目と虫の目の両方を持ったバランスのとれた回答になるでしょう。

　たとえば、人口減少社会に関する質問の場合、日本全体の大きなトレンドをまず述べて、そのあとに自治体や地域が抱える具体的な課題と解決策について述べるといった具合です。

第7章 今日からできる！ 昇任するための思考術

④ 課長や係長に必要な「代替案提案力」の発揮

上司からのダメ出しにはどう対応する？

　いきなりですが、上司を説得するために、日頃からどんな努力や工夫をしていますか。

　たとえば、出来上がった資料を上司に提出して了承してもらうときなど、上司を説得させる必要に迫られることがよくあります。そんなとき、上司からダメ出しをもらったとしましょう。さて、どうするか。納得はしていないのに「はい、わかりました」とすごすごと引き下がる場合が多いのではないでしょうか。

　あるいは、打ち合わせや会議の場で、上司の主張に対して本当は異論を唱えたいが立場上反論もできずに黙ってしまう。結果、無駄な仕事が増えてしまったといったことも少なからずあるのではないでしょうか。

　資料の作り直しや納得のいかない指示に対して、部下として反応できないままでは、仕事の手戻りや不本意な指示による業務が増えるだけで、生産的な仕事のやり方とはいえません。ではそんなとき、どう対応すべきでしょうか。

代替案を提示し、上司の納得・業務の効率を得る

　上司と部下の関係上、真っ向から反論する方法はNGです。感情的なわだかまりを生むだけで生産的ではありません。上司の立場を尊重

しつつ、自分の意見や考えを上司に受け入れてもらうには、代替案を的確に提示することが必要です。

　代替案とは、上司の考えに代わる自分なりの修正案（資料の手直しであれば、修正箇所や方法を自分に有利な方向に変更する案）を提案することです。高度なテクニックではありますが、上司の意向から外れない範囲で修正を加えることに成功すれば、仕事の手戻りを減らし、業務をより効率的・効果的に進めることができます。

　上司も自分の意見や指示を完全否定されているわけではないので、受け入れやすく納得感も得られます。そして何よりも、仕事上の無理と無駄を省き、課・係全体に良い影響を与えることができます。

面接にも通じる代替案作戦

　面接の際にも、この代替案の考え方は有効に活用できます。

　たとえば、面接にはつきものの意地悪質問に対して、正面から反論する代わりに、「おっしゃるとおりですが、こんな方法も考えられます」「そういう場合でも、こんなやり方もあります」といったように、代わりの考えを示す手法です。

　いわば、面接官が投げた直球にフルスイングするのではなく、軽く打ち返す方法です。面接官の受け止めも「質問をよく理解している」「機転が利く」「反応がよい」など、高評価につながりやすくなります。

　この代替案作戦を実践するには、日頃からの練習が必要です。代替案提案力を鍛えるには、日常的に上司と接する際に代替案の視点を意識することが重要です。上司の発言に対して、その意図を把握したうえで、どこをどう変更すれば、より良い方法に変えることができるかを考えるクセを身につけましょう。

　代替案提案力は、面接に限らず今後の公務員人生において、大切なツールです。身につけておいて損はありません。

第7章　今日からできる！　昇任するための思考術

⑤ 自分の自治体・仕事を好きになる！

どんな職員になりたいか

　5年後10年後、どんな部署でどんな仕事をしていたいか、どんな職員になっていたいか、そんな想像をしてみたことはありますか。

　目の前の仕事で手一杯、将来のことなど考えたこともないという人が大半かもしれません。しかし、将来の自分を思い描くことは、今の自分を振り返ることにもつながる大切な行為です。

　面接においても、自分の進むべき道筋が明確に描けている人と、そうでない人では、答えの内容や説得力にも自ずと差が出ます。面接官へのアピール度や本気度の伝わり方も違ってきます。言葉の重みや深さ、前向きな姿勢が面接の態度に表れるからです。

スペシャリストかジェネラリストか

　将来像として思い浮かぶのは、ある特定の行政分野に精通した職員として仕事に精力的に取り組む姿、あるいは、求められた職務を誰よりも迅速・的確にこなすオールマイティな人材として活躍する姿でしょうか。

　前者はいわゆるスペシャリスト、後者はジェネラリストと呼ばれる人材です。どちらを選択するかは本人の希望次第と思われがちですが、ここで大きな問題が生じます。人事異動です。いくら「○○分野の専門家を目指したい」と思っても、希望する部署への異動には運不運が

つきまといます。異動の間隔も短いところでは3～4年ごとです。専門家への道はなかなか険しいと言わざるを得ません。

異動に関する希望が叶わないときの身の処し方

そこで必要になるのが、もし希望が叶わない公務員人生を歩むことになったときの身の処し方です。

希望どおりにいかずに失望してやる気をなくしてしまうのか、それとも、与えられたポストにやりがいを見出して担当業務に専念するのか、道は大きく2つに分かれます。自治体職員である以上、異動によるシャッフルは常につきまといます。幸運にも専門分野を歩き続ける人以外、多くの職員は希望とは違うキャリアを積むことになるでしょう。

だからこそ、自らの希望に拘泥することなく、自治体の仕事全般に関心を持ち、何にでも興味を抱いて日々の業務に真剣に取り組む姿勢が何よりも重要になります。

ポストが変わっても、そうした基本姿勢を持ち続ければ、所属する自治体や地域社会全体の専門家として唯一無二の存在になれるのではないでしょうか。すべてを受け入れる覚悟を持てば、自ずと道は開けます。面接試験もまた然りです。

「自治体の専門家」を目指そう

若い世代では、自分の思い描くキャリアプランが実現できそうにないとわかると、転職に舵を切るケースが多いとも聞きます。一方、腰を据えて自治体職員を続けようと考えるなら、希望の有無にかかわらず、どこかで気持ちに区切りを付ける必要があります。自治体が担う仕事全般に興味と情熱を持って、与えられた仕事に打ち込んでいれば、近い将来、所属する自治体のことなら何にでも精通している「専門家」に育っているはずです。狭義のスペシャリストの枠を超えた「自治体の専門家」こそ、目指すべき理想像なのかもしれません。

COLUMN 7

最後の最後は「総合評価」

　責任感４、リーダーシップ３、調整力４、協調性３……。
　たとえば、面接官がこのように項目別の５段階評価をチェックシートに記入したとします。単純計算で平均3.5となります。同じように、項目別では異なる数値ですが、平均値は同じ3.5の受験者が数名いたとします。
　さて、どの受験者が面接に合格したでしょうか。リーダシップの評価が相対的に高かった職員？　それとも調整力の評価が抜きん出ていた職員？

　正解は、「評価の数値だけでは決められない」です。拍子抜けの答えで申し訳ないのですが、実際の合否は単純に平均値や評価項目の善し悪しだけでは決まりません。
　特に、例示で示したように横一線の場合は、面接官の総合的な判断、つまり「この受験者なら大丈夫そうだ」「ＡさんよりＢさんのほうが組織をまとめるのに適している」といった面接官の主観的な受け止めが決め手となる場合が少なくありません。

　面接を受ける側にとっては割り切れない気もしますが、人間が人間を評価する以上、印象重視の評価が最終的にはモノを言うのは避けられません。もちろん、こうした曖昧さを避けるため、厳格に数値化した指標だけで合否を判定する自治体もあると思います。
　いずれにしても、最後の決め手が総合評価であるなら、面接を受ける側も総合的な人間力で対抗しましょう。回答の出来映えと同時に、面接官に好印象を持ってもらえるように、本書で示したさまざまな注意事項やノウハウをもう一度振り返って面接の本番に臨んでください。

おわりに

　人は一生のうちで何回、面接を受けるのでしょうか。
　その多くは20歳前後から30歳代にかけてだと考えられます。つまり、まだ自分が何者であるかが十分に確立していない時期に大半の面接を経験することになるのです。
　振り返ってみれば、筆者も就職試験の面接にいくつ落ちたことか。自治体職員として昇任試験を前に、一人どれだけの不安にさいなまれたことか。

　そんな時、適切なアドバイスがあったらどうでしょう。目の前の霧が晴れて、面接に臨む気分も少しは軽くなるにちがいありません。
　本書の目的はまさにそこにあります。

　「この本を読めば100％合格！」という本は存在しません。
　受験者の皆さんが、昇任試験の面接の準備を進めるにあたって、本書を手に取っていただき、筆者が各ページに込めたメッセージをくみ取っていただければ、それでいいのです。
　そして、本書が面接の不安や疑問の解消に多少なりとも役立つことを、なかんずく面接本番で実力を十分に発揮できるきっかけになることを、心から願ってやみません。

2024年９月

　　　　　　　　　　　　　　　　　　　　　　　　　　　　　筆者

見るだけでポイントがつかめる！
図解　合格する昇任面接

2024年9月11日　初版発行

著　者	地方公務員昇任面接対策研究会
発行者	佐久間重嘉
発行所	学　陽　書　房

〒102-0072　東京都千代田区飯田橋 1-9-3
編集部　　　TEL 03-3261-1112
営業部　　　TEL 03-3261-1111／FAX 03-5211-3300
　　　　　　http://www.gakuyo.co.jp/

ブックデザイン　LIKE A DESIGN　渡邉雄哉／本文図解デザイン　能勢明日香
本文DTP制作・印刷／精文堂印刷　製本／東京美術紙工

Ⓒ地方公務員昇任面接対策研究会 2024, Printed in Japan.
ISBN 978-4-313-21088-2 C2032
乱丁・落丁本は、送料小社負担でお取り替えいたします。
定価はカバーに表示してあります。

JCOPY　〈出版者著作権管理機構　委託出版物〉
本書の無断複製は著作権法上での例外を除き禁じられています。複製される場合は、そのつど事前に出版者著作権管理機構（電話03-5244-5088、FAX 03-5244-5089、e-mail: info@jcopy.or.jp）の許諾を得てください。

◎学陽書房の本◎

"受かる書き方"を超具体的に解説！

長年にわたり自治体の昇任試験論文の添削指導を行ってきた著者が、一発合格できる論文を書く技術を伝えます。

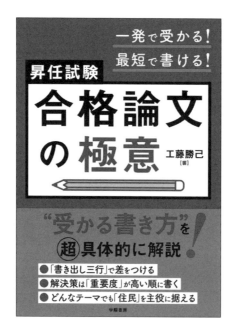

一発で受かる！　最短で書ける！
昇任試験 合格論文の極意

工藤勝己［著］
A5判並製／定価 2,530円（10％税込）

◎学陽書房の本◎

そのまま使える完成論文が満載！
本番でどんなテーマが出ても大丈夫！

論文を書く際に必須の、外してはいけないポイント、課題と対応策、実際の完成論文をワンセットにして、おさえておきたい45のテーマを収録！

昇任試験　合格論文の絶対ルール
第1次改訂版

地方公務員論文研究会［編著］
A5判並製／定価 2,530円（10%税込）